EMPRESAS ESTATAIS

A RELAÇÃO ENTRE OS INTERESSES PÚBLICO E ECONÔMICO SOB O ENFOQUE DA LEI Nº 13.303/2016

Carolina Dolabela

Luciano Ferraz
Prefácio

EMPRESAS ESTATAIS
A RELAÇÃO ENTRE OS INTERESSES PÚBLICO E ECONÔMICO SOB O ENFOQUE DA LEI Nº 13.303/2016

Belo Horizonte

2021

© 2021 Editora Fórum Ltda.

É proibida a reprodução total ou parcial desta obra, por qualquer meio eletrônico, inclusive por processos xerográficos, sem autorização expressa do Editor.

Conselho Editorial

Adilson Abreu Dallari
Alécia Paolucci Nogueira Bicalho
Alexandre Coutinho Pagliarini
André Ramos Tavares
Carlos Ayres Britto
Carlos Mário da Silva Velloso
Cármen Lúcia Antunes Rocha
Cesar Augusto Guimarães Pereira
Clovis Beznos
Cristiana Fortini
Dinorá Adelaide Musetti Grotti
Diogo de Figueiredo Moreira Neto (in memoriam)
Egon Bockmann Moreira
Emerson Gabardo
Fabrício Motta
Fernando Rossi
Flávio Henrique Unes Pereira

Floriano de Azevedo Marques Neto
Gustavo Justino de Oliveira
Inês Virgínia Prado Soares
Jorge Ulisses Jacoby Fernandes
Juarez Freitas
Luciano Ferraz
Lúcio Delfino
Marcia Carla Pereira Ribeiro
Márcio Cammarosano
Marcos Ehrhardt Jr.
Maria Sylvia Zanella Di Pietro
Ney José de Freitas
Oswaldo Othon de Pontes Saraiva Filho
Paulo Modesto
Romeu Felipe Bacellar Filho
Sérgio Guerra
Walber de Moura Agra

FÓRUM
CONHECIMENTO JURÍDICO

Luís Cláudio Rodrigues Ferreira
Presidente e Editor

Coordenação editorial: Leonardo Eustáquio Siqueira Araújo
Aline Sobreira de Oliveira

Av. Afonso Pena, 2770 – 15º andar – Savassi – CEP 30130-012
Belo Horizonte – Minas Gerais – Tel.: (31) 2121.4900 / 2121.4949
www.editoraforum.com.br – editoraforum@editoraforum.com.br

Técnica. Empenho. Zelo. Esses foram alguns dos cuidados aplicados na edição desta obra. No entanto, podem ocorrer erros de impressão, digitação ou mesmo restar alguma dúvida conceitual. Caso se constate algo assim, solicitamos a gentileza de nos comunicar através do *e-mail* editorial@editoraforum.com.br para que possamos esclarecer, no que couber. A sua contribuição é muito importante para mantermos a excelência editorial. A Editora Fórum agradece a sua contribuição.

Dados Internacionais de Catalogação na Publicação (CIP) de acordo com a AACR2

D659e	Dolabela, Carolina
	Empresas Estatais: a relação entre os interesses público e econômico sob o enfoque da Lei nº 13.303/2016/ Carolina Dolabela.– Belo Horizonte : Fórum, 2021.
	163p.
	ISBN: 978-65-5518-146-3
	1. Direito Administrativo. 2. Direito Econômico. 3. Direito Constitucional. I. Título.
	CDD 341.3
	CDU 342.9

Elaborado por Daniela Lopes Duarte - CRB-6/3500

Informação bibliográfica deste livro, conforme a NBR 6023:2018 da Associação Brasileira de Normas Técnicas (ABNT):

DOLABELA, Carolina. *Empresas Estatais*: a relação entre os interesses público e econômico sob o enfoque da Lei nº 13.303/2016. Belo Horizonte: Fórum, 2021. ISBN 978-65-5518-146-3.

À Maria Luiza, minha filha, fonte inesgotável de amor e carinho.
Ao Guilherme, meu companheiro e maior incentivador.

Quem examina a Lei nº 13.303/16 sem atenção as bases conceituais impostas pela Constituição, dará a ela uma extensão absolutamente indevida. E há um complicador: essas bases conceituais não decorrem da literalidade constitucional, estão implícitas. Nos termos já sentados pelos clássicos, a interpretação literal deve ceder às exigências sistemáticas. O sentido e o alcance das normas não ditadas, tão somente pela literalidade, mas pela compreensão delas a partir do todo.
(Ricardo Marcondes Martins)

LISTA DE ABREVIATURAS E SIGLAS

§ - parágrafo
ANTT - Agência Nacional de Transporte Terrestre
ANAC - Agência Nacional de Aviação
ANATEL - Agência Nacional de Telecomunicações
ANP - Agência Nacional de Petróleo
ANEEL - Agência Nacional de Energia Elétrica
ANS - Agência Nacional de Saúde
ANVISA - Agência Nacional de Vigilância Sanitária
Art. - Artigo
CEMIG - Companhia Energética de Minas
CF - Constituição Federal
CODEMIG - Companhia de Desenvolvimento Econômico
COPASA - Companhia de Saneamento Básico de Minas Gerais
CRFB - Constituição da República Federativa do Brasil
CSN - Companhia Siderúrgica Nacional
CVRD - Companhia Vale do Rio Doce
CGPAR - Governança Corporativa e de Administração de Participações Societárias da União
DEST - Departamento de Coordenação e Controle das Empresas Estatais
EMATER - Empresa de Assistência Técnica e Extensão Rural de Minas Gerais
EPAMIG - Empresa de Pesquisa Agropecuária de Minas Gerais
IRB - Instituto de Resseguros do Brasil
PDG - Programa de Dispêndios Globais
PPP - Programas de Parcerias Privadas
PND - Programa Nacional de Desestatização
RE - Recurso Extraordinário
Rel. - Relator
RT - Revista dos Tribunais
Séc. - Século
SEM - Sociedade de Economia Mista
SEST - Secretaria de Controle das Empresas
STF - Supremo Tribunal Federal
STJ - Superior Tribunal de Justiça

SUMÁRIO

PREFÁCIO 13

APRESENTAÇÃO 17

CAPÍTULO 1
Introdução 19

CAPÍTULO 2
Empresas Estatais e a evolução do regime jurídico das Sociedades de Economia Mista 29
2.1   Atuação do Estado na ordem econômica 29
2.2   Contexto histórico e desenvolvimento das empresas estatais no Brasil 42
2.3   Evolução legislativa das empresas estatais – do Decreto-Lei nº 200/67 até a CF/88 50
2.4   Abrangência e atividades desenvolvidas por empresas estatais 56
2.5   Evolução do regime jurídico das Sociedades de Economia Mista 61

CAPÍTULO 3
Interesses público, privado e coletivo das Sociedades de Economia Mista 67
3.1   Interesse público 67
3.2   O interesse público e sua supremacia apriorística no Estado Democrático de Direito 68
3.3   Interesse econômico 77
3.4   Interesse público e econômico das Sociedades de Economia Mista 82
3.5   Relevante Interesse coletivo como premissa para atuação das Sociedades de Economia Mista 93

CAPÍTULO 4
Mecanismos da Lei nº 13.303/16 e implementação dos interesses
públicos e econômicos das Sociedades de Economia Mista 99
4.1   Governança corporativa 100
4.2   Órgãos societários: Assembleia Geral de Acionistas e
        Administradores 109
4.2.1   O controle societário das Sociedades de Economia Mista 113
4.2.2   Evolução legislativa do controle societário: Leis
        nºs 6404/76 e 13.303/76 118
4.2.3   Profissionalização dos administradores: Lei nº 13.303/16
        e a mudança de paradigma na gestão das Sociedades de
        Economia Mista 126
4.3   Controle interno 132
4.4   Transparência 135
4.5   Objetivação do conceito de "interesse coletivo" trazido pela
        Lei nº 13.303/16 138

CAPÍTULO 5
Conclusões 149

REFERÊNCIAS 155

PREFÁCIO

A obra que tenho a honra de prefaciar é fruto da generosidade de sua autora. Carolina Feitosa Dolabela Chagas é daquelas pessoas que, além da sensibilidade, carrega a inquietude intelectual para se propor a discutir temas difíceis do Direito Administrativo e do Direito Societário.

A partir da experiência profissional vivenciada em empresas estatais como a PBH Ativos (Município de Belo Horizonte) e a PRODEMGE (Estado de Minas Gerais) – e dos estudos acadêmicos orientados pela competente Professora Maria Tereza Fonseca Dias – a autora se esmerou para trazer à comunidade jurídica o resultado da defesa de seu Mestrado Acadêmico na Universidade FUMEC, importante Escola de Direito da Capital Mineira.

A editora Fórum, comprometida que é com a modernidade do Direito Brasileiro e com o lançamento de novos talentos, lhe deu o suporte necessário à edição.

Sob o título *Empresas Estatais: a relação entre os interesses públicos e econômicos sob o enfoque da Lei nº 13.303/2016*, Carolina se dispôs, como objetivo geral, a demonstrar o papel da Lei 13.303/16 (Estatuto Jurídico das Empresas Estatais) na proteção dos interesses públicos e econômicos das sociedades de economia mista.

Como objetivos mais específicos, confessados nas linhas introdutórias do trabalho, a autora assumiu a tarefa de:
a) estudar a importância do Estatuto Jurídico das Empresas Estatais (Lei 13.303/16) para a discussão e definição dos interesses público, econômico e coletivo das sociedades de economia mista no Estado Democrático de Direito, propondo-se a refletir sobre a relevância da atuação do Estado na ordem econômica nacional;
b) correlacionar os interesses público, privado e coletivo das sociedades de economia mista, tendo como premissa para atuação dessas empresas o relevante interesse coletivo exigido pela Constituição; e
c) refletir sobre o Estatuto Jurídico das Empresa Estatais (Lei nº 13.303/16) e seus mecanismos, com foco sobre a governança corporativa e o papel dos órgãos societários – assembleia

geral de acionistas e administradores, notadamente na concretização do interesse público que deve iluminar a atuação das estatais,

Como os leitores poderão verificar, o relevo e a dimensão das *empresas que contam com a participação e o controle direto ou indireto do Poder Público na economia nacional*, a parte das disposições constitucionais pertinentes (art. 173 a 181), viram-se amplificados pelo advento do Estatuto Jurídico das Empresas Estatais (Lei 13.303/16).

Em linhas gerais, a referida lei inaugurou um regime jurídico geral aplicável às empresas estatais em todos os níveis da Federação (União, Estados, Distrito Federal e Municípios), com regulamentação federal estabelecida pelo Decreto 8.945/16 e no âmbito dos Estados Federados por iniciativas correspondentes (v.g., Decreto Mineiro 47.154/17).

O intuito do legislador nacional foi o de regulamentar o art. 173, §1º da Constituição, além de estabelecer uma uniformidade de tratamento entre as empresas estatais – independentemente do tipo de atividade a que se dedicam (exploração de atividade econômica *stricto sensu*, prestação de serviços públicos, fomento, fiscalização, intervenção econômica) – sempre com o compromisso de equilibrar interesses públicos e econômicos na criação, organização e funcionamento de tais entidades.

O regime jurídico inaugurado pela Lei 13.303/16 trabalha, essencialmente, em torno de duas ideias nucleares – que mesclam aspectos de direito público e aspectos de direito privado (regime jurídico híbrido): (a) a *publicização* das regras de governança corporativa – com restrição da liberdade estatal no provimento das posições de comando, aliada à imposição de deveres de transparência, eficiência e controle na gestão; (b) a *privatização* do ambiente contratual – com o incremento da autonomia da empresa e diminuição da unilateralidade na construção das relações com fornecedores e demais *steakholders*.

Todos esses aspectos e outros, fundamentalmente as questões de governança corporativa, encontram-se à disposição dos leitores nas próximas páginas. Se eu pudesse resumir em poucas palavras o mérito da obra de Carolina Feitosa Dolabela Chagas diria que, em linguagem clara e objetiva, a autora discute o complexo papel a ser exercido pelas sociedades de economia mista numa economia de mercado, que se penitencia de ser organizada, em alguns pontos, com resquícios de intervenção estatal travestida de interesse público.

Estão de parabéns a autora e seu editor: *verba volant scripta manent.*

Luciano Ferraz
Advogado. Professor Associado de Direito Administrativo na UFMG. Professor de Finanças Públicas e Direito Financeiro na PUC Minas (licenciado). Pós-Doutor em Direito pela Universidade Nova de Lisboa (Portugal). Doutor e Mestre em Direito Administrativo pela UFMG. Ex-Diretor de Regulação e Jurídico da Companhia Energética de Minas Gerais (CEMIG).

APRESENTAÇÃO

A intervenção do Estado na economia tem sido um dos temas mais polêmicos e debatidos ao longo dos tempos, sendo a atuação das empresas estatais, especialmente as sociedades de economia mista, e sua conturbada relação entre o interesse público e o interesse econômico, um dos mais controvertidos.

Aspectos como a ausência de correspondência entre as atividades que desempenham e sua pré-estabelecida natureza jurídica (se prestadoras de serviço público ou exploradoras de atividade econômica) e a dificuldade de seus administradores e do acionista controlador na definição dos limites de suas atribuições e responsabilidades, acabam por desencadear e enaltecer o aparente "conflito" entre tais interesses.

A relevância e consistência desta obra reside na construção de fundamentação que, ao tratar da governança corporativa e seus mecanismos de profissionalização da gestão, transparência e controle dispostos pela Lei nº 13.303/16, apresenta a importância desses instrumentos como norteadores da melhor delimitação do papel dos interesses público e econômico na atuação das empresas estatais.

Em razão da minha experiência como advogada em empresas estatais, surgiu a vontade de estudar e escrever sobre esse assunto instigante e repleto de controvérsias. O resultado é a publicação desta Obra, que objetiva fazer uma reflexão pautada no Estatuto Jurídico das Empresas Estatais (Lei nº 13.303/16), trazendo além das discussões acerca da governança corporativa e seu papel na profissionalização, eficiência e transparência na atuação dessas sociedades empresariais, uma análise minuciosa sobre como a governança corporativa, os mecanismos de controle e transparência contribuem para a adequada delimitação dos interesses públicos e econômicos que circundam essas sociedades, descortinando, como consequência, as atividades realizadas por essas empresas em contraponto com os objetivos estruturalmente idealizados.

Agradeço imensamente a Prof. Maria Tereza Fonseca Dias, pela competente orientação da minha dissertação de mestrado, que culmina com a publicação desta obra e ao Prof. Sergio Mendes Botrel Coutinho, pelas relevantes reflexões sobre direito societário, que engrandeceram sobremaneira as reflexões apresentadas Em especial agradeço o professor Luciano de Araújo Ferraz, pelas discussões enriquecedoras e provocativas sobre a inevitável intersecção entre o público e o privado na Administração Pública e, sobretudo, por compartilhar os desafios vivenciados na gestão de uma empresa estatal.

Não poderia deixar de demonstrar minha gratidão aos amigos e professores Cristiana Maria Fortini Pinto, Marina Esteves Lopes, Marcos Vinícius Pereira de Castro e Virginia Kirchmeyer Vieira pelo estímulo e apoio nesta caminhada acadêmica. Espero que a leitura desta obra inspire cada leitor a repensar conceitos e rever posicionamentos, em prol do alcance de uma maior eficiência das empresas estatais brasileiras.

Boa leitura!

A Autora.

CAPÍTULO 1

INTRODUÇÃO

A atuação do Estado na economia tem sido um dos temas mais polêmicos e debatidos ao longo dos tempos. Pethechust e Ribeiro[1] assinalam que, dentre as várias questões que são objeto de discussão, talvez uma das mais polêmicas e cercada de controvérsias resida na relaçãoentre o interesse público e o interesse econômico na atuação do Estado sobre a economia por meio das empresas estatais, especialmente as Sociedades de Economia Mista.

Pelo fato de as empresas estatais (empresas públicas, Sociedade de Economia Mista e suas subsidiárias) congregarem construções típicas dos regimes jurídicos de direito privado (lucro, forma societária, obrigações civis, comerciais, trabalhistas e tributárias) e de direito público (exigência de concurso público e realização de licitação para aquisição de bens e serviços), elas acabam por se deparar com a necessidade de equilíbrio entre o atendimento de sua finalidade, a consecução do interesse público e o alcance do interesse econômico.

O cenário supracitado refere-se a um aspecto intrínseco à natureza empresarial, que torna controversa a discussão sobre os limites da interferência dos citados interesses na condução das atividades das empresas estatais, principalmente, das Sociedades de Economia Mista, em que há participação de capital privado na sua constituição.

Na atuação das Sociedades de Economia Mista – com especificidade de casos em que se tem a exploração de atividade econômica em regime concorrencial – evidencia-se a dificuldade de resolução do aparente "conflito" entre o interesse público, motivo autorizador da

---

[1] PETHECHUST, Eloi; RIBEIRO, Márcia Carla Pereira. Perspectivas para as empresas estatais no Brasil: propostas para um estatuto jurídico. *A&C – Revista de Direito Administrativo & Constitucional*, Belo Horizonte, ano 15, n. 62, p. 99-121, 2015.

criação das referidas entidades, e o interesse econômico, que garante a sustentabilidade e o crescimento da atividade empresarial.

Nota-se que aspectos como a ausência de "identidade" entre as atividades que comumente desempenham (se prestadoras de serviço público ou exploradoras de atividade econômica) e a dificuldade de seus administradores e do acionista controlador definirem limites de suas atribuições e responsabilidades acabam por desencadear um "conflito" entre o interesse econômico e o interesse público" no âmbito da gestão. Como desdobramento desta condição, vislumbra-se, muitas vezes, uma zona de difícil controle, de modo que a sua identificação fica a critério da discricionariedade de seus administradores ou de seu acionista controlador.

Os casos recentes de exposição negativa de empresas estatais descritos por Iorio e Roque,[2] ocasionados por fatos associados a fraudes em suas gestões, ausência de transparência e mecanismos de controle falhos, transformaram em urgente a necessidade de adoção de práticas de governança corporativa que ampliem a profissionalização da gestão e favoreçam a integridade, a lisura e a eficiência na atuação dessas sociedades. Na opinião de Coletta,[3] as empresas de controle estatal revelam especificidades que podem desencadear alguns conflitos de interesses, enfatizando a urgência de que sejam adotadas boas práticas de governança corporativa.

Ademais, Schapiro e Marinho[4] apontam alguns gargalos que podem se fazer presentes nas estatais. Dentre eles, estão o frágil monitoramento por parte do Estado, sendo o mais importante deles, a possibilidade de descumprimento de suas obrigações contratuais em razão das motivações políticas e o uso de acordos e atitudes políticas focadas no benefício próprio.

Nesse contexto, foi publicada, no dia 1º de julho de 2016, a Lei nº 13.303/16,[5] também conhecida como Estatuto Jurídico das Empresas

---

[2] IORIO, Ubiratan Jorge, ROQUE, Leandro. *Por que empresas estatais tendem à corrupção e à ineficiência*. Mises Brasil, 2016. Disponível em: https://www.mises.org.br/Article.aspx?id=1993. Acesso em 04 mar. 2018.

[3] COLETTA, Carolina. *Governança corporativa em empresas estatais*: uma revisão do panorama atual. 2017. Disponível em: https://edisciplinas.usp.br/pluginfile.php/3568326/mod_resource/content/1/Carolina.pdf. Acesso em 14 jan. 2019.

[4] SCHAPIRO, Mário Gomes; MARINHO, Sarah Morganna Matos. Conflito de Interesses nas Empresas Estatais: uma análise dos casos Eletrobrás e Sabesp. *Rev. Direito Práx.*, Rio de Janeiro, v. 9, n. 3, p. 1424-1461, 2018.

[5] BRASIL. Lei nº 13.303, de 30 de junho de 2016. Dispõe sobre o estatuto jurídico da empresa pública, da Sociedade de economia mista e de suas subsidiárias, no âmbito da União, dos Estados, do Distrito Federal e dos Municípios. *Diário Oficial da União*, Brasília, 01 jul. 2016.

Estatais, regulamentando o art. 173 da CF/88,[6] inserido no texto constitucional pela Emenda n° 19 de 1998. A chamada Lei das Estatais dispõe sobre o estatuto jurídico das empresas públicas, Sociedade de Economia Mista e de suas subsidiárias, no âmbito da União, dos Estados, do Distrito Federal e dos Municípios, incluindo as que exploram atividade econômica em sentido estrito, as que prestam serviços públicos e as que exploram atividade econômica sujeita ao regime de monopólio da União.

Seguindo o caminho da valorização das boas práticas de governança corporativa expresso no Decreto Federal n° 6.021/2007[7] – que cria a Comissão Interministerial de Governança Corporativa e de Administração de Participações Societárias da União (CGPAR) –, a Lei n° 13.303/2016 apresenta regras gerais de estrutura societária, mecanismos de controle interno e externo, gestão de riscos e ampliação da transparência, com o intuito de propiciar a redução dos desvios de recursos públicos e dos desmandos de gestão e privilegiar a eficiência, a lisura e maior celeridade em sua atuação, por meio de regras próprias de licitação e contratação.

O Estatuto trouxe consigo a ideia de que o direito possui mecanismos de prevenção suficientemente satisfatórios para impor limites aos desvios verificados. Por isso, a Lei das Estatais introduz uma diversidade de mecanismos jurídicos que restringem substancialmente a autonomia dos governantes e gestores na condução das atividades das empresas estatais.[8]

Ademais, a Lei n° 13.303/16 delimita e objetiva a ambivalência público-privada das empresas estatais, pois, tão ou mais importante que atividades empresariais bem-sucedidas, está a satisfação do interesse público que motiva a sua criação – finalidade precípua a ser alcançada

---

Disponível em: www.planalto.gov.br/ccivil_03/_Ato2015-2018/2016/Lei/L13303.htm. Acesso em 14 mar. 2018.

[6] BRASIL. Constituição da República Federativa do Brasil de 1988. *Diário Oficial da União*, Brasília, 05 out. 1988. Disponível em: http://www.planalto.gov.br/ccivil_03/constituicao/constituicaocompilado.htm. Acesso em 14 mar. 2018.

[7] O Decreto n° 6.021/2007 da União Federal criou a Comissão Interministerial de Governança Corporativa e de Administração de Participações Societárias da União (CGPAR) e dá outras providências. Tal decreto define governança corporativa como o "conjunto de práticas de gestão, envolvendo, entre outros, o relacionamento entre acionistas ou quotistas, conselhos de administração e fiscal, ou órgãos com funções equivalentes, diretoria e auditoria independente, com finalidade de otimizar o desempenho da empresa e proteger os direitos de todas as partes interessadas, com transparência e equidade, com vistas a maximizar resultados econômico-sociais da atuação das empresas estatais federais".

[8] JUSTEN FILHO, Marçal. *A Lei n° 13.303/2016, a criação das empresas estatais e a participação minoritária em empresas privadas. Estatuto jurídico das empresas estatais.* São Paulo: Revista dos Tribunais, 2016. p. 11.

em sua atuação. Dessa forma, é de suma importância a avaliação das contribuições da Lei n° 13.303/2016 acerca da adequada delimitação, em consonância com a CF/88,[9] da atuação do interesse público e do interesse econômico nas empresas estatais, em especial, das Sociedades de Economia Mista, cujo aparente conflito entre tais interesses é mais evidente.

Baseando-se nos esclarecimentos de Aragão,[10] tem-se que a preocupação com a compatibilização do interesse público e econômico é conatural às Sociedades de Economia Mista. Justamente por serem intrínsecos à sua atuação e dada a sua finalidade pública, delimitaram-se as seguintes questões norteadoras deste estudo jurídico: em que medida os instrumentos de governança corporativa, controles internos[11] e ações de transparência introduzidos pela Lei n° 13.303/16 podem colaborar para a proteção do relevante interesse coletivo a que se vincula a criação da estatal e, consequentemente, a consecução do interesse público enquanto finalidade precípua das Sociedades de Economia Mista? Qual a contribuição dos interesses econômicos e seu papel na Lei n° 13.303/16? Poder-se-ia, ainda, afirmar que a Lei n° 13.303/16 contribui, por intermédio de seus mecanismos de governança corporativa, controle e transparência, com a implementação dos múltiplos interesses dessas sociedades?

---

[9] BRASIL. Constituição da República Federativa do Brasil de 1988. *Diário Oficial da União*, Brasília, 05 out. 1988. Disponível em: http://www.planalto.gov.br/ccivil_03/constituicao/constituicaocompilado.htm. Acesso em 14 mar. 2018.

[10] Aragão expõe que a Sociedade de economia mista pretende ser um instrumento de conjugação de esforços públicos e privados na consecução de fins socialmente relevantes e potencialmente lucrativos. Trata-se, portanto, de um ente ontologicamente prenhe de contradições, mas que, justamente em razão delas, possui algumas vantagens em relação às outras modalidades administrativas de atuação. O seu ponto fraco é também o seu ponto forte, dilema este – entre lucratividade e objetivos públicos – que está longe de ser uma peculiaridade exclusivamente brasileira. (ARAGÃO, Alexandre Santos de. *Empresas Estatais*: o regime jurídico das empresas públicas e Sociedades de Economia Mista. São Paulo: Forense, 2017).

[11] O controle interno mencionado como novidade trazida pela Lei n° 13.303/16 para as empresas estatais diz respeito ao controle atrelado à gestão interna das Instituições, visando à redução de riscos e ao atingimento de objetivos. "O guia Declaração de Posicionamento do 'The Institute of Internal Auditors' (IIA) esclarece que 'As Três Linhas de Defesa no Gerenciamento de Riscos e Controles', publicado originalmente em 2012, têm por objetivo prover um modelo simples e efetivo para esclarecimento dos papéis e responsabilidades essenciais no gerenciamento de riscos e controle. (...) No modelo das 'Três Linhas de Defesa proposto pelo IIA', o controle de gerência é a primeira linha de defesa no gerenciamento de riscos". (TRIBUNAL DE CONTAS DA UNIÃO. *Gestão de riscos*: modelo de referência. Disponível em: https://portal.tcu.gov.br/governanca/governancapublica/gestao-de-riscos/modelos.htm. Acesso em 18 jun. 2019).

O objetivo geral do trabalho foi demonstrar o papel da Lei nº 13.303/16 na proteção dos interesses públicos e econômicos das Sociedades de Economia Mista. Já os objetivos específicos foram assim definidos:
a) estudar a importância do Estatuto Jurídico das Empresas Estatais (Lei nº 13.303/16) para a discussão e definição dos interesses público, econômico e coletivo das Sociedades de Economia Mista no Estado Democrático de Direito, propondo-se a reflexão sobre sua relevância na atuação do Estado na ordem econômica nacional;
b) correlacionar os interesses público, privado e coletivo das Sociedades de Economia Mista no Estado Democrático de Direito, explicitando o relevante interesse coletivo como premissa para atuação das Sociedades de Economia Mista; e
c) refletir sobre o estatuto jurídico das estatais (Lei nº 13.303/16) e seus mecanismos de implementação dos interesses públicos e econômicos das Sociedades de Economia Mista sob o viés da governança corporativa dos órgãos societários: Assembleia Geral de Acionistas e Administradores e a objetivação conceito de "interesse coletivo" trazido pela Lei nº 13.303/16.

Para tanto, justifica-se a realização dessa pesquisa em razão de se buscar maior domínio das normas e objetivos do Estatuto Jurídico das Empresas Estatais (Lei nº 13.303/2016), contribuindo com maior objetivação dos conceitos jurídicos indeterminados, "interesse público" e "relevante interesse coletivo" para demonstrar que seu alinhamento conceitual favorece o maior equilíbrio na atuação das Sociedades de Economia Mista.

Não obstante, parte-se da premissa de que é necessário refletir acerca do regime jurídico das Sociedades de Economia Mista à luz da Lei nº 13.303/16 e da inevitável falência da dicotomia que segrega empresas estatais entre prestadoras de serviço público e aquelas que exploram atividade econômica.

A relevância do estudo jurídico proposto reside na importância de se discutir em que medida os instrumentos de governança corporativa, que trazem mecanismos de proteção e controle dispostos pela lei, contribuem para melhor delimitar o papel dos interesses público e econômico, especialmente das Sociedades de Economia Mista. Deste modo, permite-se que seja reforçado o entendimento de que seria juridicamente mais acertada a demonstração da possibilidade de coexistência e compatibilização entre esses interesses, evidenciando-se, durante todo o trabalho, que tais interesses se complementam e, por isso, retroalimentam e sustentam essas sociedades.

Adota-se a premissa de que o interesse público e o interesse econômico integram a gestão das Sociedades de Economia Mista, sem que haja, necessariamente, primazia ou sobreposição prévia de um determinado interesse público sobre o econômico, devendo as decisões corporativas nessas companhias serem tomadas levando-se em consideração o sopesamento dos interesses envolvidos no caso concreto. Em outras palavras, significa dizer que os interesses devem ser equacionados para que, diante de sua aderência ao objeto social e aos objetivos estratégicos e financeiros, seja possível a verificação da eventual prevalência de um interesse sobre outro.

Sendo assim, o presente estudo visa contribuir com maior conhecimento acerca dos interesses que precisam ser avaliados, sem primazia ou mitigação de um interesse em detrimento do outro, objetivando, por conseguinte, o adequado enquadramento constitucional do papel dessas sociedades enquanto entidade integrante da Administração Indireta do Estado. Para tanto, o tema posto em estudo pode revelar em que medida os administradores das empresas estatais, visando assegurar o cumprimento dos instrumentos de governança corporativa previstos na Lei nº 13.303/16, podem atuar em conformidade com o interesse coletivo previsto no objeto social das estatais, de forma a atingir o interesse público a que se destinam, sem que, para tanto, seja ignorado o interesse econômico intrínseco e necessário à sua sobrevivência.

Importante considerar como os instrumentos de governança, controle e transparência contribuem para a efetivação dos interesses envolvidos na atuação da gestão das referidas sociedades. Isto é, buscando evitar que, arbitrariamente e sem respaldo constitucional, sejam tomadas decisões que privilegiem demasiadamente um interesse em detrimento do outro, ferindo os fundamentos constitucionais que respaldam o relevante interesse coletivo que justificaram a sua criação.

Além da profissionalização da gestão das entidades sob comento, especial contribuição é buscada no sentido de propiciar análise crítica sobre como o controle, a transparência e a simetria de informações podem contribuir para a atuação dessas sociedades de forma aderente com seu objeto social e com a finalidade pública dele advinda.

Ainda, o "relevante interesse coletivo", que antes da Lei nº 13.303/16 encontrava-se implícita na Lei que autoriza a criação da empresa, com o seu advento, segundo seu art. 2º, §1º, deve constar expressamente no dispositivo jurídico que autoriza a sua criação, a indicação de forma clara do relevante interesse coletivo que motiva a sua existência. A mudança de cunho formal pode contar com significativas alterações no planejamento e objetivos almejados, sem que seja possível oscilações de atuação permitidas pela amplitude e generalidade dos objetos sociais anteriormente previstos para essas empresas.

A presente pesquisa e seus resultados podem ainda contribuir para o estabelecimento de Sociedades de Economia Mista mais eficientes e aderentes aos seus objetivos finalísticos, considerando a pluralidade de interesses a elas intrínsecos, de forma a propiciar o melhor direcionamento da tomada de decisões tanto dos administradores quanto do acionista controlador, além de preservar a importância do acionista minoritário privado.

Sob a ótica metodológica, o estudo realizou pesquisas teórico-bibliográficas em livros, internet, artigos, revistas jurídicas e documentais, sendo utilizada a legislação nacional e jurisprudências. Empregou-se o método dedutivo, uma vez que a pesquisa parte do estudo dos interesses público e econômico das Sociedades de Economia Mista nacional e as contribuições da Lei n° 13.303/16. Também foram adotados os seguintes procedimentos técnicos: análise teórica, análise interpretativa, análise crítica e análise histórica.

A metodologia de pesquisa bibliográfica, segundo Gustin e Dias,[12] é de suma importância, pois favorece a definição de contornos mais precisos da problemática a ser estudada. Além disso, é considerada como básica em um trabalho acadêmico por proporcionar uma reflexão breve acerca dos fundamentos teóricos do pesquisador. Não obstante, neste trabalho, procedeu-se um balanço crítico da bibliografia diretamente relacionada com a pesquisa, compondo o que comumente é chamado de quadro teórico ou análise crítica atual das artes.

Assim, pode-se dizer que essa pesquisa jurídica teve como método principal o hipotético-dedutivo explicado por Mezzaroba e Monteiro,[13] pois partiu de uma premissa maior e passou-se a experimentá-la através do processo de falseamento, ou seja, utilizando dos argumentos que defendem determinado ponto de vista, bem como citando opiniões contrárias à teoria defendida.

A hipótese do estudo aqui proposto é a de que mecanismos de governança corporativa voltados aos órgãos societários, controle interno e medidas de transparência, assim como a objetivação do

---

[12] GUSTIN, Miracy Barbosa de Sousa; DIAS, Maria Tereza Fonseca. *(Re)pensando a pesquisa jurídica*: teoria e prática. 3. ed. Belo Horizonte: Del Rey, 2010.

[13] MEZZAROBA, Orides; MONTEIRO, Cláudia Sevilha. *Manual de Metodologia da Pesquisa no Direito*. 5. ed. São Paulo: Saraiva, 2009.

conceito "relevante interesse coletivo", dispostos pela Lei n° 13.303/16, contribuem para a aproximação das Sociedades de Economia Mista de seus interesses públicos em conformidade com os interesses econômicos intrínsecos à sua atuação, sem que, ao contrário, favoreçam maior autonomia dessas entidades e seu afastamento de sua natureza de empresa estatal. O referencial teórico adotado neste trabalho é baseado especialmente na obra de Pinto Júnior e Schirato.[14]

Segundo Pinto Júnior,[15] não seria exagero afirmar que as Sociedades de Economia Mista enfrentam atualmente sério problema de crise de identidade. Segundo o autor, tal problema decorreria, em grande parte, da falta de referencial teórico sobre seu verdadeiro papel no contexto socioeconômico:

> A atuação empresarial pública nunca será economicamente neutra ou vazia de conteúdo axiológico. No modelo constitucional brasileiro, não existe hipótese jurídica de a companhia controlada pelo Estado guiar-se exclusivamente pelos impulsos de mercado e de forma desvinculada do interesse público que lhe é peculiar.[16]

Schirato[17] aponta que, nesse cenário de necessário atendimento ao interesse público, especialmente das Sociedades de Economia Mista, em que há mais profunda e evidente interferência do interesse econômico, é fundamental que seja questionado o dogma do interesse público. E o autor ainda explicita:

> Nessa tentativa de construção de uma noção de interesse público, foi comum a atribuição ao título de públicos aos interesses próprios da Administração Pública, sobretudo nos momentos de ampliação das áreas de atuação do Estado. Vale dizer, passou-se a considerar como públicos interesses que não apresentavam caráter de coletivos, transindividuais, mas que eram interesses simplesmente perseguidos pela

---

[14] PINTO JÚNIOR, Mário Engler. *Empresa Estatal*: função econômica e dilemas societários. São Paulo: FVG Atlas, 2013; SCHIRATO, Vitor Rhein. *As empresas estatais no direito administrativo econômico atual*. São Paulo: Saraiva, 2016.

[15] PINTO JÚNIOR, Mário Engler. *Empresa Estatal*: função econômica e dilemas societários. São Paulo: FVG Atlas, 2013.

[16] PINTO JÚNIOR, Mário Engler. *Empresa Estatal*: função econômica e dilemas societários. São Paulo: FVG Atlas, 2013. p. 227.

[17] SCHIRATO, Vitor Rhein. *As empresas estatais no direito administrativo econômico atual*. São Paulo: Saraiva, 2016. p. 20.

Administração Pública por razões outras não dotadas de coletividade (não necessariamente com a finalidade de se cometerem ilicitudes).[18]

Também foram consideradas algumas decisões judiciais acerca da incidência dos controles nas empresas estatais na apuração do atendimento do interesse público e econômico e a atuação dos administradores e do acionista controlador no atendimento do interesse público. Posteriormente, foi elaborada análise crítica, a fim de verificar em que medida os mecanismos trazidos pela Lei nº 13.303/16, mesmo que indiretamente, contribuíram para a melhor delimitação dos interesses público e econômico das Sociedades de Economia Mista.

Partiu-se da prerrogativa de que, além do método hipotético-dedutivo foram utilizados também alguns métodos auxiliares, tais como: método comparativo – os interesses público e econômico seguindo certa atuação harmoniosa enquanto alternativa para o avanço e o alcance das Sociedades de Economia Mista no cenário econômico nacional. Vale mencionar, ainda, que a pesquisa bibliográfica foi indireta, já que não se realizou pesquisa de campo, foram utilizados dados já estudados para melhor reforçar a ideia defendida nesse texto acadêmico.

Na estrutura dessa pesquisa jurídica, foram apresentados e debatidos: *(i)* os pilares históricos e a evolução das empresas estatais no Brasil, dando ênfase ao regime jurídico das empresas estatais até o advento da Lei nº 13.303/16; *(ii)* a atuação do Estado na ordem econômica e suas atribuições executora e regulatória; *(iii)* a importância do Estatuto Jurídico das Empresas Estatais (Lei nº 13.303/16) para discussão e definição dos interesses público, econômico e coletivo das Sociedades de Economia Mista no Estado Democrático de Direito, propondo-se uma reflexão sobre sua relevância na atuação do Estado na ordem econômica nacional e as abordagens acerca dos interesses público, privado e coletivo das Sociedades de Economia Mista no Estado Democrático de Direito, dando ênfase também ao "relevante interesse coletivo" como premissa para atuação das Sociedades de Economia Mista e a objetivação do conceito de "interesse coletivo" trazido pela Lei nº 13.303/16.

---

[18] SCHIRATO, Vitor Rhein. *As empresas estatais no direito administrativo econômico atual*. São Paulo: Saraiva, 2016. p. 176.

CAPÍTULO 2

EMPRESAS ESTATAIS E A EVOLUÇÃO DO REGIME JURÍDICO DAS SOCIEDADES DE ECONOMIA MISTA

2.1 Atuação do Estado na ordem econômica

Na hipótese em que o Estado possui função executória, ele intervém diretamente na economia por meio de suas empresas estatais,[19] com objetivos pré-estabelecidos em Lei que justificam a sua criação para atuação em determinada área econômica, passando da posição de supervisor da atividade dos particulares para executor direto.

A atuação empresarial do Estado, segundo a CF/88,[20] pode ocorrer visando:

(i) a prestação de serviços públicos de titularidade estatal;
(ii) a exploração de monopólio, hipótese em que o Estado possui exclusividade na exploração das atividades elencadas no art. 177 da CF/88 e;
(iii) o exercício de atividade econômica sujeita à livre iniciativa e em regime de competição com o mercado privado, nos termos do art. 173 da CF/88.

Na situação em que o Estado possui função regulatória, sua atuação ocorre por meio da regulação de atividades exercidas pelo

---

[19] Para José dos Santos Carvalho Filho, a exploração econômica por meio de empresas estatais seria indireta, uma vez não executada pelos entes federativos (União, Estados, Municípios ou Distrito Federal). O posicionamento do autor nesse ponto é minoritário.
[20] BRASIL. Constituição da República Federativa do Brasil de 1988. *Diário Oficial da União*, Brasília, 05 out. 1988. Disponível em: http://www.planalto.gov.br/ccivil_03/constituicao/constituicaocompilado.htm. Acesso em 14 mar. 2018.

particular, como forma de coibir, por exemplo, a violação à livre iniciativa, punindo aglomerações de empresas ou acordos prejudiciais à livre concorrência.

O art. 174 da CF/88 prevê que compete ao Estado regulador as funções de fiscalização, incentivo e planejamento, visando contribuir para o desenvolvimento econômico e social do país.

Nas situações em que o Estado é executor e não há direito ao exercício da atividade pelo setor privado – como nas hipóteses de prestação de serviços públicos do art. 175 e monopólios públicos do art. 177, ambos da CF/88 –, Aragão[21] reforça que não há liberdade constitucional de iniciativa aos particulares a ser restringida, seja por que a decisão de transferir serviços públicos ao particular é sempre do Estado, ou seja, em razão dos monopólios econômicos reservados ao Estado pela Constituição da República como matérias de relevante interesse geral.

Assim, Tácito[22] explica que, quando o interesse público recomenda que se reserve ao Estado a exclusividade de determinada atividade econômica, em proteção ao interesse geral, declara a norma que se tem o monopólio estatal de direito, evidenciando, por conseguinte, como ilícito, qualquer ato de concorrência no tocante àquela atividade.

Já na hipótese do art. 173,[23] ao Estado só será permitido intervir na atividade econômica por meio de empresas estatais, quando for necessário aos imperativos de segurança nacional e relevante interesse coletivo, conforme definidos em lei, dada a incidência da livre iniciativa, princípio regra da ordem econômica constitucional.

A redação do artigo evidencia que, para a atuação direta do Estado na economia, há limitações constitucionais ao exercício de intervenção[24] direta, o que, por meio de uma leitura conjunta do citado

---

[21] ARAGÃO, Alexandre Santos de. *Empresas Estatais*: o regime jurídico das empresas públicas e Sociedades de Economia Mista. São Paulo: Forense, 2017.

[22] TÁCITO, Caio. Regime jurídico das empresas estatais. *Revista de Direito Administrativo*, Rio de Janeiro, v. 195, p. 1-8, jan. 1994. Disponível em: http://bibliotecadigital.fgv.br/ojs/index.php/rda/article/view/45976/47417. Acesso em 24 set. 2018.

[23] Art. 173. Ressalvados os casos previstos nesta Constituição, a exploração direta de atividade econômica pelo Estado só será permitida quando necessária aos imperativos da segurança nacional ou a relevante interesse coletivo, conforme definidos em lei.

[24] Neste trabalho, adotar-se-á a palavra *intervenção* para designar a atuação direta do Estado no domínio econômico, exercida por meio de empresas estatais, utilizando-se a expressão *intervenção* para denominar sua *intervenção direta na ordem econômica*, exercida por meio de empresas estatais. Pereira de Souza entende que a palavra intervenção, nos termos da Constituição da República Federativa do Brasil de 1988, deve ser utilizada para conceituar a intervenção do Estado *stricto sensu*, que ocorre por meio de sua atividade enquanto agente normativo e regulador. Tal atuação se vislumbra no art. 174 da CRFB/88. Seria, portanto,

art. 173 com o inciso IV do artigo 170 da CF/88 compete, como regra, à iniciativa privada a exploração da atividade econômica com finalidade lucrativa, sendo a atuação do Estado interpretada de forma restritiva, por se caracterizar como excepcionalidade. Quando o Estado atua em regime concorrencial, sua atuação possui natureza subsidiária, ou seja, o Estado apenas poderia intervir na economia de forma supletiva e complementar, buscando preencher lacunas na atuação dos particulares.

Segundo Aragão,[25] com o qual esta obra compartilha do entendimento, a subsidiariedade é um princípio. Segundo o autor, a invocação do princípio da subsidiariedade não está incorreta, mas trata-se de um princípio multifacetado, utilizado em diferentes áreas, sendo em todas empregadas para justificar a atuação em caráter não principal.

Assim, o princípio encontra-se implícito no capítulo da Ordem econômica, mais precisamente evidenciado no *caput* do art. 173, ao dispor que o Estado pode intervir na economia apenas quando houver imperativos de segurança nacional ou relevante interesse coletivo, conforme definidos em lei.

Aragão afirma que o princípio da subsidiariedade é "[...] uma expressão do elemento necessidade do princípio da proporcionalidade".[26] Segundo tal princípio, o Estado deve atuar em relação à economia apenas quando a iniciativa privada não estiver sendo capaz de atender satisfatoriamente os interesses sociais ligados a determinada atividade econômica.

---

na visão do autor, mais adequada a utilização da palavra *participação*, para denominar a atuação do Estado na ordem econômica por meio de empresas estatais, seja na prestação de serviços públicos ou na exploração de atividade econômica (PEREIRA DE SOUZA, Sérgio Augusto G. *Premissas de Direito Econômico*. 2. ed. revista, atualizada conforme a Lei nº 12.529 de 30.11.2011. Belo Horizonte: Fórum, 2012. p. 77-78). Segundo lição de Marinho, pode-se dizer que "a intervenção econômica se materializa de duas formas primárias. Ela se dará de forma direta, e aí se tem a intervenção no domínio econômico propriamente dito; ou, de forma indireta, quando, então, se deve falar em intervenção do Estado sobre o domínio econômico" (MARINHO, Rodrigo César de Oliveira. *Intervenção sobre o Domínio Econômico – A contribuição e seu perfil constitucional*. Belo Horizonte: Fórum, 2011. p. 92). Ainda segundo Tavares, "na intervenção direta, o Estado participa ativamente, de maneira concreta, na economia, na condição de produtos de bens e serviços. A intervenção estatal indireta refere-se à cobrança de tributos, à concessão de subsídios, a subvenções, benefícios fiscais e creditícios e à regulamentação (âmbitos normativos) de atividades econômicas desenvolvidas pelos particulares". (TAVARES, André Ramos. *Intervenção estatal no domínio econômico*. São Paulo: Revista dos Tribunais; Centro de Extensão Universitária, 2002. p. 219).

[25] ARAGÃO, Alexandre Santos de. *Empresas Estatais*: o regime jurídico das empresas públicas e Sociedades de Economia Mista. São Paulo: Forense, 2017.

[26] ARAGÃO, Alexandre Santos de. *Empresas Estatais*: o regime jurídico das empresas públicas e Sociedades de Economia Mista. São Paulo: Forense, 2017. p. 91.

Lembra Moreira[27] que a subsidiariedade aplicada à ordem econômica diz respeito aos objetivos e finalidades a que o Estado se propõe ao intervir na economia, que devem ser voltados à satisfação de relevante interesse coletivo, apto a propiciar a consecução de resultados sociais de amplitude geral.

No que concerne às atividades exercidas, as empresas estatais classificam-se, conforme previsão constitucional implícita, em: "(i) exploradoras de atividade econômica, nos termos do art. 173, caput da CF/88) ou (ii) prestadoras de serviços públicos (art. 175, CF/88)".[28]

Tradicionalmente, a doutrina e a jurisprudência, conforme demonstrado no posicionamento de Schwind,[29] reforçam tal definição e determinam o regime jurídico das mencionadas empresas a partir de sua atividade desenvolvida (se serviço público[30] ou exploração econômica), já que tal distinção foi, e ainda é, o principal critério para definição do regime jurídico aplicado à empresa estatal: quando mais voltado ao direito público ou ao direito privado.

Assim, em decorrência da atividade exercida, são conferidas, por exemplo, prerrogativas às empresas prestadoras de serviço público não extensíveis àqueles que atuam na atividade econômica, como a isenção tributária e benefícios processuais extensíveis à Fazenda Pública.

Grau,[31] em sua obra "A Ordem Econômica na Constituição de 1988", explicita a dificuldade em realizar a segregação desses conceitos,

---

[27] MOREIRA, Egon Bockmann. *Duas polêmicas da nova lei de responsabilidade das empresas estatais*: conflito federativo e direito intertemporal. 2016. Disponível em: http://www.gazetadopovo.com.br/vida-publica/justica-e-direito/colunistas/egon-bockmann-moreira/duas-polemicas-da-nova-lei-de-responsabilidade-das-empresas-estatais-conflito-federativo-e-direito-intertemporal-3lzym9s4gpos25w70xdeeovxj. Acesso em 19 nov. 2018.

[28] O art. 175 da CRFB/88 não dispõe – ao menos expressamente – acerca de empresas estatais prestadoras de serviços públicos, mas refere-se à obrigação do Estado em prestar serviços públicos, sendo a empresa estatal, indubitavelmente, um dos mecanismos escolhidos pelo Estado para a prestação de tal atividade.

[29] SCHWIND, Rafael Wallbach. *O Estado Acionista - Empresas Estatais e Empresas Privadas com Participação Estatal*. São Paulo: Leya, 2018.

[30] Segundo Nester, há traços gerais que caracterizam serviço público no Brasil, a saber: "[...] trata-se de atividade administrativa de prestação positiva destinada à satisfação de necessidades fundamentais, de titularidade do Estado, assumida por este como essencial para a coletividade, que pode ser executada diretamente pelos entes estatais ou através de empresas privadas mediante concessão, sempre com base num regime jurídico de direito público, a ser aproveitada por todos os usuários de forma igualitária, regular e contínua". NESTER, Alexandre Wagner. *The Importance of Interprofessional Practice and Education in the Era of Accountable Care*. 2016. N C Med. J. 2016 Mar./Apr.; 77 (2):128-32. Disponível em: https://www.jusbrasil.com.br/topicos/84504060/cristina-maria-melhado-araujo-lima/atualizacoes>. Acesso em: 11 de nov. 2018.

[31] GRAU, Eros Roberto. *A ordem econômica na Constituição de 1988*. 2. ed. São Paulo: Malheiros, 2002.

demonstrando, inclusive, que, por serem conceitos que se entrelaçam, não seria possível essa separação, estando a expressão serviço público subsumida à atividade econômica, ou seja, dentro do gênero atividade econômica seriam espécies serviço público e atividade econômica em sentido estrito.

Schwind[32] defendeu a abrangência do regime jurídico de licitações e contratos previsto no art. 22, XXVII da CF/88, para as empresas prestadoras de serviço público, não obstante o artigo referir-se expressamente ao art. 173, §1º, III, compreendendo, portanto, na visão do autor, as empresas estatais incumbidas de prestação de serviços públicos, a partir da noção ampla de atividade econômica.

Contudo, para Grau,[33] o art. 173 apenas poderia ser aplicado às empresas estatais que exploram atividade econômica em sentido estrito, estando excluídas as empresas estatais que prestam serviços públicos. O STF tem reforçado sistematicamente, em diversas decisões,[34] esse posicionamento tradicional, estabelecendo a dicotomia do regime jurídico das empresas estatais em prestadoras de serviço público e exploradoras de atividade econômica.

Segundo tal entendimento, nos casos em que a atuação empresarial se volta à prestação de serviços públicos, o regime jurídico deverá ser mais aproximado ao de direito público e, ao contrário, se a atividade exercida tiver características de atividade econômica em sentido estrito, o regime será mais próximo do direito privado.[35]

Segundo Ferraz,[36] o STF também proferiu decisão quanto à aplicabilidade às empresas estatais, inclusive as exploradoras de atividades econômicas, a exigência da realização de concurso público

---

[32] SCHWIND, Rafael Wallbach. *O Estado Acionista - Empresas Estatais e Empresas Privadas com Participação Estatal.* São Paulo: Leya, 2018.

[33] GRAU, Eros Roberto. *A ordem econômica na Constituição de 1988.* 2. ed. São Paulo: Malheiros, 2002.

[34] ADI nº 1642 julgada em 03.04.2008, tendo como relator o Ministro Eros Grau: Ementa: As Sociedades de Economia Mista e as empresas públicas que *explorem atividade econômica em sentido estrito* estão sujeitas, ao disposto no parágrafo primeiro do art. 173 da Constituição da República do Brasil, contudo tal artigo não se aplica às empresas públicas, Sociedades de Economia Mista e entidades (estatais) *que prestam serviço público* (...) (ADI nº 1642, Relator (a) Min. Eros Grau, Tribunal Pleno, julgado em 03.04.2008, DJE- 177, publicado em 19.09.2008).

[35] MENDES, Guilherme Adolfo dos Santos. Princípio da eficiência. *In*: MARRARA, Thiago (Org.). *Princípios de direito administrativo.* São Paulo: Atlas, 2012.

[36] FERRAZ, Luciano. *Novo estatuto das empresas estatais é constitucional.* 2017. Disponível em: https://www.conjur.com.br/2017-jul-20/interesse-publico-estatuto-empresas-estatais-constitucional. Acesso em 13 dez. 2018.

(art. 37, II, da CF/88) para o provimento dos seus empregos, de acordo com o MS nº 21.322.[37]

Assim, o regramento e os princípios constitucionais, tais como as demais normas legais, podem definir condicionamentos delimitadores às empresas estatais, comparando-as às empresas privadas. O regime jurídico das entidades estatais não é genuíno; do contrário, é complexo, abarcando maiores desdobramentos de opções constitucionais ou legislativas.

Não obstante, destaca-se que a Sociedade de Economia Mista, bem como a empresa pública, não conta, por natureza, com nenhum privilégio estatal, só mensurando as prerrogativas administrativas, tributárias e processuais que lhes forem dadas na Lei específica que autorizou a sua instituição ou em dispositivos legais especiais pertinentes.

No entanto, Mendes[38] menciona que parte da doutrina tem apontado a necessidade de revisão do regime jurídico das empresas, pautado na dicotomia serviço público *versus* atividade econômica, já que empresas prestadoras de serviços públicos estão autorizadas a desempenhar atividades econômicas conexas ao seu objeto social, o que dada a ausência de parâmetros claros e objetivos para a definição da natureza das atividades desempenhadas, torna a definição do regime jurídico dessas entidades tarefa difícil.

No mesmo sentido, para Schirato,[39] tal dicotomia não mais seria possível. Com a evolução dos tempos, esse entendimento não mais se amolda à realidade de diversas empresas estatais que, apesar de prestadoras de serviço público, acabam por exercer atividades econômicas em sentido estrito, na medida em que atuam na atividade econômica. Como resultado, empresas estatais criadas para prestar serviços públicos passam a atuar em contexto distinto, no qual além de prestarem suas atividades precípuas, atuam em outras correlatas em regime concorrencial. E o autor exemplifica o exposto com a seguinte afirmação:

> [...] podemos mencionar as empresas estatais atuantes no setor elétrico, constituídas para explorar suas atividades de forma verticalizada e em regime de monopólio e, a partir das reformas ocorridas na década de

---

[37] STF. Relator Ministro Paulo Brossard, Tribunal Pleno, julgado em 3.12.1992, publicado no DJ 23.4.1993.

[38] MENDES, Guilherme Adolfo dos Santos. Princípio da eficiência. *In*: MARRARA, Thiago (Org.). *Princípios de direito administrativo*. São Paulo: Atlas, 2012.

[39] SCHIRATO, Vitor Rhein. *As empresas estatais no direito administrativo econômico atual*. São Paulo: Saraiva, 2016.

1990, passaram a atuar em regime de competição e, em alguns casos, passaram a desempenhar atividades classificadas como atividades econômicas, como ocorreu com a geração e comercialização de energia elétrica, que foram excluídas – ao menos parcialmente – do regime de direito público.[40]

Descabe hoje, portanto, pretender realizar qualquer classificação estanque entre as empresas estatais em função da classificação prévia que a defina como exploradora de atividade econômica ou prestadora de serviço público, já que tal dicotomia não mais seria apta a estabelecer definição precisa acerca do regime jurídico aplicado à empresa estatal.

De acordo com Schirato,[41] tal fato se dá por duas razões muito simples: de um lado, não há uma linha divisória clara entre serviço público e atividade econômica, e, de outro, há atividades empreendidas pelas empresas estatais que não são serviços públicos nem atividades econômicas.

Schirato ainda esclarece que:

> No atual grau de desenvolvimento do Direito Administrativo Econômico, tem-se uma linha divisória muito tênue entre os serviços públicos e as demais atividades econômicas. Como resultado, as empresas estatais criadas anteriormente para prestar determinado serviço público passaram a atuar em contexto significativamente distinto, no qual deixaram de prestar ao menos parcela de suas atividades em regime exclusivamente público.[42]

Chagas e Dias[43] explicam que a definição do regime jurídico da empresa estatal pautado na dicotomia entre serviço público e exploração de atividade econômica tornou-se obsoleta, já que hoje a prestação de serviços públicos cada vez mais se imiscui no exercício da atividade econômica, sem por isso retirar-lhes o caráter de essencialidade.

---

[40] SCHIRATO, Vitor Rhein. *As empresas estatais no direito administrativo econômico atual*. São Paulo: Saraiva, 2016. p. 57.
[41] SCHIRATO, Vitor Rhein. *As empresas estatais no direito administrativo econômico atual*. São Paulo: Saraiva, 2016.
[42] SCHIRATO, Vitor Rhein. *As empresas estatais no direito administrativo econômico atual*. São Paulo: Saraiva, 2016. p. 57.
[43] CHAGAS, Carolina F. Dolabela; DIAS, Maria Tereza Fonseca. *O relevante interesse coletivo nas atividades econômicas das empresas estatais após o advento da Lei nº 13.303/2016 ("estatuto jurídico das estatais")*. 2018. Disponível em: www.indexlaw.org/index.php/revistaddsus/article/view/4139. Acesso em 11 mai. 2018.

Nesse sentido, não por acaso, as autoras sugerem que o *caput* do art. 173 da CF/88 deixe de ser interpretado sob o enfoque do serviço público ou atividade econômica a que previamente se subordinam as empresas estatais, passando a se relacionar com o regime jurídico da atividade que desempenham e seu nível de relação com a atividade concorrencial privada.

Evidentemente, a interpretação do regime jurídico aplicável à empresa estatal, além de pautar-se nas atividades concretamente desempenhadas, deve ser realizada em conformidade com os preceitos constitucionais, de acordo com a complexidade econômica e social que permeia a atuação das empresas no cenário nacional, sob pena de permanecerem interpretações e, por conseguinte, benefícios e/ou restrições indevidas.[44]

A Lei n° 13.303/16, ao regulamentar o art. 173 da CF/88, especificamente o seu §1°, parece confirmar a falência da dicotomia de regimes jurídicos entre empresas estatais, na medida em que estabelece em seu art. 1° que o estatuto jurídico aplica-se igualmente à empresa pública, à Sociedade de Economia Mista e às suas subsidiárias, integrantes de qualquer ente federativo, que explorem atividade econômica de produção ou comercialização de bens ou de prestação de serviços, ainda que a atividade econômica esteja sujeita ao regime de monopólio da União, ou seja, de prestação de serviços públicos.

Contudo, a incidência do Estatuto Jurídico para todas as empresas estatais indistintamente é bastante controvertida, especialmente porque o texto constitucional destinou especificamente o art. 175 para a regulamentação da prestação de serviços públicos.

Nesse sentido, Pereira Junior *et al* afirmam que:

> [...] o artigo 173, §1° da CF, o qual consiste justamente na norma que confere, de modo direto e imediato, a legitimação constitucional da Lei n° 13.303/16, refere-se à "empresa pública, Sociedades de Economia Mista e suas subsidiárias que explorem atividade econômica de produção ou comercialização de bens ou de prestação de serviços", optando, pois,

---

[44] Nesse sentido: STF Recurso Extraordinário n° 627.051 Tribunal Pleno. Rel. Min. Dias Toffoli, j. 12.1.2014. Dje-028, divulga. 10.2.2015, public. 19.2.2015, no qual discute-se a extensão do benefício da imunidade tributária recíproca à Companhia de Saneamento Básico do Estado de São Paulo, Sociedade de economia mista, cuja participação acionária é negociada em bolsa de valores. O Tribunal reconheceu existência de repercussão geral relativa à controvérsia firmando a seguinte tese: "Tem repercussão geral a questão consistente em saber se a imunidade tributária recíproca se aplica a entidade cuja composição acionária, objeto de negociação em Bolsa de Valores, revela inequívoco objetivo de distribuição de lucros a investidores públicos e privados. (Tema 508).

a se limitar às estatais que exploram atividade econômica em sentido estrito. Tal delimitação provavelmente decorre do fato de que a norma constitucional voltada à regulamentação da prestação de serviços públicos, inclusive por meio de empresas estatais, consiste no art. 175 da CF/88.[45]

A Lei nº 13.303/16 estabelece, em seu art. 1º, que o Estatuto Jurídico das Estatais se aplica tanto às empresas que explorem atividade econômica de produção e comercialização de bens ou de prestação de serviços, ainda que a atividade econômica esteja sujeita ao regime de monopólio da União, quanto há incidência da Lei para as empresas estatais que prestam serviço público. Apesar disso, Pereira Junior et al[46] explicam que o citado dispositivo jurídico aplicar-se-ia, apenas, no que concerne aos temas de competência legislativa da União, às normas de direito comercial e normas gerais sobre licitações e contratos.

Segundo Amaral,[47] não haveria inconstitucionalidade na pretensão da Lei nº 13.303/16 ser aplicável a todas as estatais de todas as esferas da Federação, exercendo a União adequadamente sua competência legislativa. França[48] sustenta que há quem defenda que a interpretação a ser dada ao art. 173 deve ser ampla para entender-se a atividade econômica em sentido mais abrangente, já que a CF, partindo de um modelo capitalista, estabelece no referido artigo que o Estado só pode trabalhar a exploração de forma direta, a atividade econômica – no sentido estrito, em quadros previstos pela mesma, quando for preciso o imperativo da segurança nacional ou ao determinante interesse coletivo, de acordo com a determinação legal. Assim sendo, França[49] considera a previsão do princípio da subsidiariedade, em que o Estado precisa ausentar-se da atividade econômica. É imprescindível que, nessas

---

[45] PEREIRA JÚNIOR, Jessé Torres et al. *Comentários à Lei das Empresas Estatais*: Lei nº 13.303/16. Belo Horizonte: Fórum, 2018. p. 30.
[46] PEREIRA JÚNIOR, Jessé Torres et al. *Comentários à Lei das Empresas Estatais*: Lei nº 13.303/16. Belo Horizonte: Fórum, 2018.
[47] AMARAL, P. O. Lei das Estatais: Espectro de Incidência e regras de governança. *In*: JUSTEN FILHO, M. (Org.). *Estatuto Jurídico das Empresas Estatais*: Lei nº 13.303/2016- "Lei das Estatais". São Paulo: Revista dos Tribunais, 2016.
[48] FRANÇA, Vladimir da Rocha. O regime constitucional de serviço postal e os "monopólios" da Empresa Brasileira de Correios e Telégrafos. *Revista de Informação Legislativa*, Brasília, v. 45, n. 177, p. 47-56, 2008.
[49] FRANÇA, Vladimir da Rocha. O regime constitucional de serviço postal e os "monopólios" da Empresa Brasileira de Correios e Telégrafos. *Revista de Informação Legislativa*, Brasília, v. 45, n. 177, p. 47-56, 2008.

situações, o ente político não preste serviço público, mas, de atividade econômica como meio de intervenção no domínio econômico.

No que diz respeito ao serviço econômico, os mesmos consideram a prestação pela administração pública, direta ou indireta, considerando o regime de concessão ou permissão, voltando-se ao suprimento da necessidade coletiva da ordem econômica, como lembra Di Pietro.[50]

O serviço econômico é cumprido e prestado por exigência do artigo 175 da CF, caracterizando-se como serviço público, e não em razão do artigo 173 da CF – que o delimita como atividade econômica em sentido amplo. Pereira Junior *et al*[51] analisam que, se a CF faz menção ao Estado, não importando a atividade estatal a ser realizada, se serviço público ou atividade econômica em sentido estrito, reporta-se, em definitivo, à Administração Pública de modo global, ou seja, direta e indireta.

Ou seja, os serviços públicos podem ser prestados por órgãos da Administração Pública Direta, por entidades da Administração Pública Indireta e por particulares, conforme detalham Chagas e Dias.[52] As autoras sustentam que as autarquias, com sua personalidade de direito público, são, no cenário da Administração Pública Indireta, o pilar mais ajustado para a prestação de serviços públicos pelo Estado de modo direto e descentralizado. Segundo as autoras, em razão da sua condição jurídica, as autarquias são responsáveis pela atribuição do desenvolvimento de autoridade pública, como o exercício de poder de polícia e a capacidade tributária ativa.

Entretanto, faz-se mister refletir que a falta de recursos nos cofres do Estado é fundamento para a delegação de serviços públicos a particulares, principalmente os que, em razão das características próprias, desencadeiam a possibilidade de lucros.

Em relação à exploração de atividades econômicas pelo Estado, apenas pode se dar por meio de sua Administração Pública Indireta, em específico, por suas empresas estatais, isto é, empresas públicas e Sociedades de Economia Mista, entidades que contam com personalidade jurídica de direito privado.

---

[50] DI PIETRO, Maria Sylvia Zanella. *Direito administrativo*. 20. ed. São Paulo: Atlas, 2007.
[51] PEREIRA JÚNIOR, Jessé Torres *et al*. *Comentários à Lei das Empresas Estatais*: Lei n° 13.303/16. Belo Horizonte: Fórum, 2018.
[52] CHAGAS, Carolina F. Dolabela; DIAS, Maria Tereza Fonseca. *O relevante interesse coletivo nas atividades econômicas das empresas estatais após o advento da Lei n° 13.303/2016 ("estatuto jurídico das estatais")*. 2018. Disponível em: www.indexlaw.org/index.php/revistaddsus/article/view/4139. Acesso em 11 mai. 2018.

Nos dizeres de Cardoso,[53] as empresas estatais podem prestar serviços públicos, já que o §1º do artigo 173 não é excludente no que diz respeito às empresas públicas e Sociedades de Economia Mista prestadoras de serviços públicos, como se lê em suas palavras:

> Sendo assim, focalizando-se nas entidades da Administração Pública Indireta, conclui-se que as autarquias prestam serviços públicos; as empresas estatais exploram atividade econômica ou prestam serviços públicos. Isso causa certa perplexidade. Se da lógica que norteia a estruturação da Administração Pública (regime jurídico) é intuitivo que o modelo autarquia se presta ao desempenho de serviço público e o modelo empresa estatal se presta à exploração de atividade econômica, qual o porquê de se criar empresa estatal prestadora de serviço público? Parece não haver resposta técnico-jurídica para essa questão. Afigura-se, na verdade, uma opção do legislador.[54]

Cite-se o posicionamento do STF, em que prevalece a distinção da natureza da empresa fundamentada na atividade econômica, considerando o seu sentido amplo. Observa-se a predominância do entendimento de que as empresas estatais prestadoras de serviço público acabam por se equivaler à Fazenda Pública.[55]

No caso dos embargos declaratórios no recurso extraordinário, cuja ação foi proposta pela Empresa Brasileira de Correios e Telégrafos que interpôs recurso extraordinário contra acordão que, entendendo penhoráveis os bens de empresa pública, afastaram o pagamento do débito por meio de precatório, sendo julgada em 2003, ficou consignado no voto do relator, Ministro Maurício Correa, que:

> 1. A Empresa Brasileira de Correios e Telégrafos, pessoa jurídica equiparada à Fazenda Pública, é aplicável o privilégio da impenhorabilidade de seus bens, rendas e serviços. Recepção do artigo 12 do Decreto-Lei nº 509/69 e não incidência da restrição contida no artigo 173, §1º, da Constituição Federal, que submete a empresa pública, a Sociedades de

---

[53] CARDOSO, Patrícia Pires. *Descentralização das atividades estatais e a superação do conceito subjetivo de administração pública*. 2017. Disponível em: http://www.ambitojuridico.com.br/site/index.php/mnt/?n_link=revista_artigos_leitura&artigo_id=2622&revista_caderno=4. Acesso em 11 nov. 2018.

[54] CARDOSO, Patrícia Pires. *Descentralização das atividades estatais e a superação do conceito subjetivo de administração pública*. 2017. Disponível em: http://www.ambitojuridico.com.br/site/index.php/mnt/?n_link=revista_artigos_leitura&artigo_id=2622&revista_caderno=4. Acesso em 11 nov. 2018. p. 3.

[55] RE-ED nº 230051/SP 292.979-ED, Rel. Min. Maurício Corrêa, julgamento em 11.06.03, DJ de 08.08.03.

Economia Mista e outras entidades que explorem atividade econômica ao regime próprio das empresas privadas, inclusive quanto às obrigações trabalhistas e tributárias. 2. Empresa pública que não exerce atividade econômica e presta serviço público da competência da União Federal e por ela mantido. Execução. Observância ao regime de precatório, sob pena de vulneração do disposto no artigo 100 da Constituição Federal. Vícios no julgamento. Embargos de declaração rejeitados.

Mesmo que as empresas estatais possuam personalidade jurídica de direito privado, compreende-se que às empresas estatais prestadoras de serviço público são aplicáveis regime jurídico bastante similar ao das autarquias. Schapiro e Marinho[56] explicam que, de acordo com o tratamento dado à empresa estatal exploradora de atividades econômicas ou prestadora de serviços públicos, tem-se a possibilidade de se referenciar dois tipos específicos delas:

> (i) exploradoras de atividades econômicas, de forma suplementar à iniciativa privada, dada a importância delas para a segurança nacional ou para relevante interesse coletivo (art. 173, CF);
> (ii) prestadoras de serviços públicos ou coordenadoras de execução de obras públicas (atividades pertinentes à esfera do estado).[57]

Porém, Mendes[58] explica que a exigência é adequada, mas não o suficiente, citando como exemplo o fato de o STF ter considerado a prerrogativa do critério da atividade para decidir o caso supracitado. Vale mencionar, ainda, que o Decreto-Lei nº 200/69, quando não trata dos aspectos objetivo (atividade) e formal (regime jurídico), foi duramente criticado por Bandeira de Mello,[59] ao considerar que se trata de uma estrutura concebida, que mostra-se frágil na resolução das formas pelas quais se têm as atividades administrativas públicas.

Contudo, é relevante reforçar, aqui, que não será objeto deste trabalho o aprofundamento da discussão relacionada ao regime jurídico

---

[56] SCHAPIRO, Mário Gomes; MARINHO, Sarah Morganna Matos. Conflito de Interesses nas Empresas Estatais: uma análise dos casos Eletrobrás e Sabesp. *Rev. Direito Práx.*, Rio de Janeiro, v. 9, n. 3, p. 1424-1461, 2018.

[57] SCHAPIRO, Mário Gomes; MARINHO, Sarah Morganna Matos. Conflito de Interesses nas Empresas Estatais: uma análise dos casos Eletrobrás e Sabesp. *Rev. Direito Práx.*, Rio de Janeiro, v. 9, n. 3, p. 1424-1461, 2018.

[58] MENDES, Guilherme Adolfo dos Santos. Princípio da eficiência. *In*: MARRARA, Thiago (Org.). *Princípios de direito administrativo*. São Paulo: Atlas, 2012.

[59] BANDEIRA DE MELLO, Celso Antônio. *Curso de Direito Administrativo*. 17. ed. rev., ampl. e atual. São Paulo: Malheiros, 2004.

e sua relação com a natureza de prestadora de serviço público ou exploradora de atividade econômica, sendo apenas necessário explicitar que a distinção entre empresas estatais exploradoras de atividade econômica e prestação de serviço público há muito não é suficiente para definição do regime jurídico a ser aplicado, sendo mais relevante a análise do exercício da atividade em regime de monopólio ou voltada à atividade concorrencial, por exemplo, sempre considerando o disposto na CF/88.

Torna-se necessário, assim, pontuar que neste trabalho entende-se que a dicotomia entre as duas espécies de empresas estatais (exploradoras de atividade econômica ou prestadoras de serviço público) não deveria ser considerada como fator preponderante a determinar a incidência ou não da Lei n° 13.303/16.

Deve-se, ao contrário, realizar-se a interpretação dos dispositivos constitucionais em conformidade com a realidade praticada por essas empresas. O fato de a empresa estatal ser previamente intitulada como prestadora de serviço público não significa que as atividades, desempenhadas por ela na prática, não estejam sendo exercidas em regime concorrencial.

Exemplo pertinente refere-se à geração de energia elétrica, cuja titularidade dos serviços pertence à União. Segundo Lima,[60] a previsão do art. 21, inciso XII, letra "b", da Constituição Federal não deixa dúvida quanto à titularidade estatal do serviço e instalações de energia elétrica. É relevante ressaltar que, segundo a autora, a previsão não torna serviço público todos os serviços e explorações que são de sua natureza, sendo possível, portanto, que o regime jurídico das atividades integrantes do serviço de energia elétrica possam ser prestadas em regime não exclusivamente de direito público, a depender da legislação infraconstitucional que o regulamenta e do contrato celebrado. Esse raciocínio reforça a ideia trazida por Nester,[61] de que é crescente a possibilidade de introdução da lógica concorrencial em vários campos até então dominados pela lógica tradicional do serviço público, observados sempre os valores fundamentais que produziriam o Estado de Bem-Estar Social.

O Estatuto Jurídico das Empresas Estatais, ao interpretar o conceito de atividade econômica a que se refere o art. 173, de forma ampla, ratifica esse raciocínio e sinaliza que tal definição apriorística

---

[60] LIMA, Cristiana Maria Melhado Araújo. *Regime jurídico dos portos marítimos*. 2009. Disponível em: https://www.jusbrasil.com.br/topicos/84504060/cristina-maria-melhado-araujo-lima/atualizacoes. Acesso em 11 nov. 2018.

[61] NESTER, Alexandre Wagner. *The Importance of Interprofessional Practice and Education in the Era of Accountable Care*, v. 77, n. 2, p. 128-32, 2016.

é menos importante para a conduta da entidade enquanto sociedade empresária, na qual todas as empresas devem, igualmente, adotar comportamento concorrencial, especialmente as Sociedades de Economia Mista, dada a sua propriedade mista, dividida entre o poder público e a iniciativa privada.

Nesse mesmo sentido, a Lei n° 8.666/93, ao ser aplicada às empresas estatais indistintamente, demonstra a relevância diminuta de tal distinção na delimitação do regime jurídico dessas entidades empresarias.[62] Por isso, no presente trabalho, a atividade desempenhada pela empresa e sua consequente divisão entre exploradora de atividade econômica e prestadora de serviço público não será considerada como critério a identificar o regime jurídico das companhias. Considerar-se-á a incidência da Lei a todas as empresas estatais, indistintamente.

2.2 Contexto histórico e desenvolvimento das empresas estatais no Brasil

Empresas constituídas pelo Estado, visando objetivos econômicos, têm antecedentes históricos que remontam às companhias holandesas e portuguesas nos séculos XV e XVI. Como relatou Tácito,[63] elas corporificavam investimentos da Coroa destinados a alcançar novas fontes de suprimento para os mercados europeus, mediante intercâmbio e importação de mercadorias.

No Brasil, desde o séc. XVII, empresas estatais proliferaram-se em todo o território nacional. Cresceram em tamanho e quantidade, além de encontrar-se inseridas nos mais diversos segmentos econômicos, que vão desde setores estratégicos, como o petroleiro, até os setores eminentemente liderados pela iniciativa privada, como o bancário.

Em nome de interesses coletivos relevantes, o Estado passa a intervir na atividade econômica, antes exercida pela iniciativa privada.

---

[62] A obrigatoriedade de licitar é princípio constitucional estampado no art. 37, XXI, da Constituição Federal, aplicável, ressalvados os casos específicos, a todo ente da administração pública direta ou indireta. Todo contrato de obra, serviço, compras e alienações, bem como concessão e permissão de serviços públicos, deve ser precedido de um procedimento licitatório. Segundo o parágrafo único do art. 1° da Lei n° 8666/93, "subordinam-se ao regime desta Lei, além dos órgãos da administração direta, os fundos especiais, as autarquias, as fundações públicas, as empresas públicas, as Sociedades de Economia Mista e demais entidades controladas direta ou indiretamente pela União, Estados, Distrito Federal e Municípios".

[63] TÁCITO, Caio. Regime jurídico das empresas estatais. *Revista de Direito Administrativo*, Rio de Janeiro, v. 195, p. 1-8, jan. 1994. Disponível em: http://bibliotecadigital.fgv.br/ojs/index.php/rda/article/view/45976/47417. Acesso em 24 set. 2018.

Nos dizeres de Bemquerer, "[...] o Estado se converte em um produtor de bens e um prestador de serviços, socializando, no todo ou em parte, categorias de produção e de comércio".[64] Segundo Souto,[65] a primeira empresa estatal no Brasil foi criada sob a forma de Sociedade de Economia Mista , portanto, com a participação de capital privado. Tal empresa foi o Banco do Brasil, em 1808, fundado pelo alvará do Príncipe Regente, em 12 de outubro de 1808, que fixou as bases da constituição da sociedade anônima e lhe outorgou estatutos.

Baseando-se no ensinamento de Venâncio Filho *apud* Lamy Filho e Pedreira,[66] para o desenvolvimento dos novos serviços públicos, ainda no século XIX, tais como ferrovias, portos e energia, o Estado precisou da colaboração de investidores privados, surgindo o regime de concessão, considerado o primeiro capítulo econômico do Direito Administrativo. Já no início do século XX, em decorrência do regime de concessões não ter prosperado, Araújo[67] detalha que foram direcionados esforços para que fossem obtidos investimentos privados, associados aos investimentos públicos, por meio das Sociedades de Economia Mista. No entanto, o verdadeiro momento de crescimento das empresas estatais aconteceu a partir da década de 1930, sendo o seu marco inicial a criação do Instituto de Resseguros do Brasil (IRB), por meio do Decreto Lei nº 1.186, de 3 de abril de 1939.[68]

Conforme aponta Schirato,[69] muito embora o surgimento das empresas estatais seja anterior à criação do Estado brasileiro, sua relevância e desenvolvimento ocorreu a partir das décadas de 1930 a 1940, quando o ativismo do Estado no campo econômico adquire dimensão mais ampla e estruturada, em atendimento aos anseios do Estado de bem-estar no cumprimento das funções consideradas públicas.

---

[64] BEMQUERER, Marcos. *O regime jurídico das empresas estatais após a Emenda Constitucional nº 19/1998*. Belo Horizonte: Fórum, 2012.

[65] SOUTO, Marcos Juruena Villela. *Aspectos jurídicos do planejamento econômico*. Rio de Janeiro: Lumen Juris, 1997.

[66] VENÂNCIO FILHO, Alberto. *A Intervenção do estado no domínio econômico*. Rio de Janeiro: Renovar, 1998 *apud* LAMY FILHO, Alfredo; PEDREIRA, José Luiz Bulhões. *Direito das companhias*. Rio de Janeiro: Forense, 2009.

[67] ARAÚJO, Edmir Netto de. *Do negócio jurídico administrativo*. São Paulo: Revista dos tribunais, 1997.

[68] BRASIL. Decreto-Lei nº 1.186, de 3 de abril de 1939. Cria o Instituto de Resseguros do Brasil. *Diário Oficial da União*, Rio de Janeiro, 08 abr. 1939. Disponível em: http://www.planalto. gov.br/ccivil_03/decreto-lei/1937-1946/Del1186.htm. Acesso em 20 mai. 2018.

[69] SCHIRATO, Vitor Rhein. *As empresas estatais no direito administrativo econômico atual*. São Paulo: Saraiva, 2016.

Nesse contexto, a Constituição de 1937, além de preservar o espírito nacionalista e intervencionista trazido pelas constituições anteriores, destacou, de forma expressa, a atuação do Estado na atividade econômica. Leite[70] assinala que as empresas estatais criadas nesse período procuraram ocupar espaços que os particulares não tinham interesse ou capital suficiente para a realização do negócio. Essa expansão do Estado e sua intervenção na economia fizeram parte de um contexto maior, representado pelo Estado de Bem-Estar Social.

A partir disso, Souto[71] relata que houve considerável multiplicação de empresas estatais no Brasil, que se confirma, no início da década de 1940, com a criação da Companhia Siderúrgica Nacional (CSN), em 1941, da Companhia Vale do Rio Doce (CVRD), em 1943, e da Companhia Hidrelétrica do São Francisco, em 1945.[72]

Pinto Júnior[73] relaciona que a ideologia predominante no primeiro governo de Getúlio Vargas (1930-45) era do nacionalismo econômico, utilizado como maneira de conquistar a emancipação do país. Por isso, a ênfase no investimento estatal na indústria de base. No governo Dutra (1945-50), Pinto Júnior[74] descreve a ocorrência de uma mudança na orientação político-econômica. A ideia de nacionalismo econômico, pautado na crença de um país capitalista autônomo, é substituída pelas relações de interdependência em nível mundial, buscando-se, paralelamente, a redução da intervenção estatal na economia.

---

[70] LEITE, Sandro Grangeiro. A evolução das empresas públicas e Sociedades de Economia Mista no contexto jurídico brasileiro. *Revista do Tribunal de Contas da União*, p. 99-110, 2007.

[71] SOUTO, Marcos Juruena Villela. *Aspectos jurídicos do planejamento econômico*. Rio de Janeiro: Lumen Juris, 1997.

[72] As causas do movimento de estatização que se iniciou no Brasil na década de 40 devem-se, em síntese: (i) ao desenvolvimento baseado na instalação de um setor industrial diversificado no país; (ii) à preocupação com a segurança nacional, que envolvia a garantia de suprimento de produtos importantes durante a Segunda Guerra Mundial, o desejo de manter sob controle governamental as indústrias consideradas estratégicas, e o nacionalismo econômico refletido na ideia de limitar a participação do capital estrangeiro em alguns setores, especialmente na exploração mineral; (iii) à falha regulatória que obrigava o governo a subsidiar fortemente as empresas estrangeiras concessionárias de serviços públicos; (iv) à verticalização e diversificação das atividades das grandes empresas estatais, mediante a criação de subsidiárias e controladas e (v) à estatização de empresas falidas que eram grandes devedoras de bancos públicos, notadamente do sistema BNDES. (PINTO JÚNIOR, Mário Engler. *Empresa Estatal*: função econômica e dilemas societários. São Paulo: FVG Atlas, 2013. p. 38).

[73] PINTO JÚNIOR, Mário Engler. *Empresa Estatal*: função econômica e dilemas societários. São Paulo: FVG Atlas, 2013.

[74] PINTO JÚNIOR, Mário Engler. *Empresa Estatal*: função econômica e dilemas societários. São Paulo: FVG Atlas, 2013.

Ainda de acordo com Pinto Júnior,[75] com o retorno de Vargas (1951-54) é retomado o ideal de defesa dos interesses nacionais contra a exploração capitalista estrangeira, voltados à industrialização do país como condição para a obtenção do desenvolvimento econômico, com investimentos em indústrias de base e infraestrutura. Nesse período, a empresa estatal teve papel estratégico e dinâmico. Em 1954, o então presidente reforçou a necessidade de o Estado intensificar o seu papel na economia e, com isso, novos instrumentos de política econômica, com a criação de empresas estatais nos setores financeiro, petrolífero e de energia elétrica.

O movimento de ampliação da criação de empresas estatais perdurou até a década de 1970, como relata Schirato,[76] momento em que a intervenção direta do Estado na economia atingiu o seu ápice, não apenas no âmbito da União, mas também nos Estados e Municípios. Isso acontecia predominantemente na prestação de serviços públicos, mas também incluíam a exploração de atividade econômica.

A criação de empresas estatais no Brasil, sejam empresas públicas ou Sociedades de Economia Mista, sempre esteve ligada a uma conjunção de fatores variados, principalmente político-econômicos, reforçada pela ausência de política específica de estatização.

Assim, Leite[77] esclarece que as empresas estatais foram sendo criadas para:
  i) viabilizar o desenvolvimento regional do país, buscando melhor equilibrar o desenvolvimento econômico;
  ii) possibilitar que o Estado exercesse atividades estratégicas da economia em regime de monopólio;
  iii) descentralizar serviços públicos; ou,
  iv) viabilizar o atendimento de necessidades sociais, o que demostra a diversidade da sua atuação e a ausência de diretriz de atuação previamente delineada por política específica.

Contudo, já em 1975, começa o declínio do modelo, sendo as empresas estatais, a partir de 1976, apontadas como responsáveis pelos

---

[75] PINTO JÚNIOR, Mário Engler. *Empresa Estatal*: função econômica e dilemas societários. São Paulo: FVG Atlas, 2013.
[76] SCHIRATO, Vitor Rhein. *As empresas estatais no direito administrativo econômico atual*. São Paulo: Saraiva, 2016.
[77] LEITE, Sandro Grangeiro. A evolução das empresas públicas e Sociedades de Economia Mista no contexto jurídico brasileiro. *Revista do Tribunal de Contas da União*, p. 99-110, 2007.

principais desequilíbrios macroeconômicos do país. Pinto Júnior[78] destaca que, com o agravamento da crise financeira do país, as empresas estatais deixaram de ser instrumento de desenvolvimento de objetivos microeconômicos de interesse público para se tonarem instrumento macroeconômico de ajuste recessivo na economia.

Segundo Castor, "[...] em certo momento, o governo federal era incapaz de saber, exatamente, quantas empresas lhe pertenciam".[79] Tal realidade decorre, em certa medida, da ausência de controles específicos sob a gestão e a organização dessas empresas, o que contribuiu para a dificuldade de delimitação clara da sua atuação para com a Administração Pública. Em 1979, por meio do Decreto Federal n° 84.128,[80] visando melhor estruturar e controlar as empresas estatais do governo federal, foi criada a Secretaria de Controle das Empresas – SEST,[81] como órgão central de controle de recursos e dispêndios de empresas estatais, no âmbito do Sistema de Planejamento Federal. De acordo com Pinto Júnior, o objetivo do sistema foi "[...] fixar os limites máximos de gastos globais, que orientavam a programação financeira anual das empresas estatais".[82]

No Governo Bolsonaro, iniciado em 1° de Janeiro de 2019, houve a reformulação do chamado Ministério de Estado, Planejamento,

---

[78] PINTO JÚNIOR, Mário Engler. *Empresa Estatal*: função econômica e dilemas societários. São Paulo: FVG Atlas, 2013.

[79] CASTOR, Jobim. *O Brasil não é para amadores*: Estado, governo e burocracia na terra do jeitinho. Curitiba: IBQP-PR, 2000. p. 60.

[80] BRASIL. Decreto n° 84.128, de 29 de outubro de 1979. Dispõe sobre o controle de recursos e dispêndios de empresas estatais e dá outras providências. *Diário Oficial da União*, Brasília, 30 out. 1976. Disponível em: www.planalto.gov.br/ccivil_03/decreto/1970-1979/D84128.htm. Acesso em 11 mai. 2018.

[81] Conforme informações do Ministério da Economia, "[a] Secretaria hoje encontra-se vinculada ao Ministério de Planejamento, Desenvolvimento e Gestão do Governo Federal e, por meio do Decreto Federal n° 8818, de 21 de julho de 2016, é responsável pela elaboração do Programa de Dispêndios Globais – PDG – e da proposta do Orçamento de Investimentos – OI – das empresas em que a União detenha, direta ou indiretamente, a maioria do capital social. Realiza, também, a gestão dos Conselheiros de Administração representantes da União, o acompanhamento e a disponibilização das informações econômico-financeiras das empresas estatais, bem como se manifesta sobre os pleitos das empresas estatais, no que se refere à política salarial, aprovação e eventuais modificações nos planos de previdência dessas empresas e seu quantitativo de empregados. O aperfeiçoamento da gestão administrativa, através do aumento da eficácia e transparência na atuação das empresas estatais federais, e a Lei de Responsabilidade das Estatais n° 13.303/2016 também tem orientação e motivação da Secretaria, em busca permanente do fortalecimento das empresas do Governo. Sua missão é aperfeiçoar a atuação do Estado enquanto acionista das empresas estatais federais, com vistas a potencializar os investimentos da União em benefício da sociedade". (BRASIL. Ministério de Planejamento. Institucional. Secretaria de Coordenação e Governança de Empresas Estatais. Disponível em: http://www.planejamento.gov.br/acesso-ainformacao/institucional/unidades/sest. Acesso em 11 abr. 2018).

[82] PINTO JÚNIOR, Mário Engler. *Empresa Estatal*: função econômica e dilemas societários. São Paulo: FVG Atlas, 2013. p. 39.

Desenvolvimento e Gestão, que abarca a SEST no âmbito do Programa de Dispêndios Globais – PDG, peça orçamentária das empresas estatais federais não dependentes que compreende as fontes de recursos e os dispêndios previstos para o ano de referência, mantendo o alinhamento com os registros contábeis das respectivas empresas.[83]

Baseando-se na publicação do Ministério da Economia,[84] embora tenha havido um período de estabilidade na atuação da SEST, na transição para a democratização do Estado, logo após o Regime Militar, o governo Sarney enfrentou diversos fracassos na tentativa de estabilização da economia, surgindo, ainda de forma incipiente, as primeiras iniciativas para a privatização de empresas estatais. Ainda de acordo com o referido material institucional, com o início do Governo Collor, em 1990, as privatizações integraram a agenda de governo, formalizadas pela Lei nº 8.031, de 12 de abril de 1990, que criou o Programa Nacional de Desestatização (PND).

Assim, motivado pela crise econômica dos anos 90, foi estruturado o PND, que objetivava resolver problemas econômicos causados, principalmente, pelo desequilíbrio das contas públicas, agregado ao fraco desempenho das empresas estatais, "ocasionados, em certa medida, pelo preenchimento de seus cargos técnicos e de gestão para atendimento de questões político-partidárias" e ainda a imprecisão e ineficiência na consecução de seus objetivos e limites de atuação.[85]

No final da década de 90, a SEST foi transformada em Departamento de Coordenação e Controle das Empresas Estatais (DEST), por força do Decreto nº 2.923 de 1999. Segundo Dutra,[86] o plano de Collor,

---

[83] BRASIL. Ministério da Economia, Planejamento, Desenvolvimento e Gestão. 2019. *Documentação e normas*. Disponível em: http://www.planejamento.gov.br/assuntos/empresas-estatais/sistemas/documentacao-e-normas/pdg-2019-versao- revisada-15-28062018.pdf. Acesso em 4 fev. 2019. A fim de acompanhar as informações econômico-financeiras e intensificar os investimentos da União em benefício da sociedade, a Secretaria de Coordenação e Governança das Empresas Estatais –SEST utiliza-se do PDG para a obtenção de uma visão sistêmica do orçamento das estatais federais não dependentes.

[84] BRASIL. Ministério da Economia, Planejamento, Desenvolvimento e Gestão. *Histórico*. 2015. Disponível em: http://www.planejamento.gov.br/assuntos/empresas-estatais/coordenacao/historico. Acesso em 28 dez. 2018.

[85] A partir da segunda metade dos anos 80, enormes dificuldades surgiram para uma gestão eficiente e eficaz das empresas estatais. As razões do relativo insucesso no desempenho econômico e financeiro de muitas empresas estatais se encontram em variados aspectos: a partilha político partidária no recrutamento dos seus quadros técnicos e gerenciais; a indefinição de seus objetivos e de sua própria missão institucional; a estrutura organizacional precariamente estabelecida; a profissionalização da alta direção, etc. (ESTADÃO. *Sobre as empresas estatais*. 2010. Disponível em: http://economia.estadao.com.br/noticias/geral,sobre-as-empresas-estatais-imp-,633829. Acesso em 28 dez. 2018).

[86] DUTRA, Pedro Paulo de Almeida. O regime das privatizações. *Revista do Tribunal de Contas do Estado de Minas Gerais*, Minas Gerais, n. 2, 1997.

antes ambicioso, limitou-se, pois, das 68 estatais incluídas, à privatização de apenas 18. No governo de Itamar Franco (1992-1994), o ilustre professor explica que, ao substituir Collor após o processo de impeachment, o programa foi desacelerado, apesar de, ao fim de 1994, a Embraer, símbolo da indústria aeronáutica brasileira, ter sido privatizada.

Porém, Arruda[87] lembra que, ao longo dos dois governos do presidente Fernando Henrique Cardoso (1995-2002), as privatizações se destacaram, alcançando os setores das telecomunicações, energia e siderurgia. O referido especialista destaca que, na gestão de Fernando Henrique, os governadores privatizaram bancos estaduais. Houve a concessão de quase toda malha à iniciativa privada. O programa de privatizações das gestões de Fernando Henrique Cardoso resultou aos cofres públicos, aproximadamente, US$78,6 bilhões.

De acordo com Dutra,[88] os dois mandatos do presidente Luiz Inácio Lula daSilva deram continuidade ao programa de privatizações, destacando a concessão de estradas federais à iniciativa privada, por meio da licitação para novas hidrelétricas e a venda de mais bancos estaduais.

Fontes Filho e Câmara Leal[89] mencionam que, no âmbito do programa de privatizações, houve a criação das denominadas agências reguladoras (1996 e 2001), funcionando como órgãos de supervisão e fiscalização dos serviços prestados pelas empresas concessionárias. Elas praticamente supervisionam todos os principais setores da economia – ANTT (transporte terrestre), ANAC (aviação), ANATEL (telecomunicações), ANP (petróleo, gás e biocombustíveis), ANEEL (energia elétrica), ANS (saúde) e ANVISA (medicamentos).

Durante o governo Dilma Rousseff, Arruda[90] descreve que as privatizações tiveram continuidade por meio dos Programas de Parcerias Privadas (PPPs), dando ênfase às tarifas sociais nos editais de licitação. É importante ressaltar que, em 2008, diante da crise internacional e da retração da economia mundial, que teve início com a crise imobiliária nos EUA no final de 2008, as empresas estatais voltaram a ganhar destaque no cenário nacional como responsáveis por investimentos capazes de impulsionar o desenvolvimento do País.

---

[87] ARRUDA, Marcelo de. Um modelo de privatização completa via leilão para os correios. *MISES: Interdisciplinary Journal of Philosophy, Law and Economics*, v. 6, n. 2, 2018.

[88] DUTRA, Pedro Paulo de Almeida. Fundação João Pinheiro Escola de Governo Professor Paulo Neves de Carvalho núcleo de Referência da Memória do Professor Paulo Neves de Carvalho. *NR-PNC*, p. 38, 2014.

[89] FONTES FILHO, J. R.; CÂMARA LEAL, R. P. *Governança Corporativa:* Internacionalização e Convergência. IBGC. São Paulo: Saint Paul Editora, 2019.

[90] ARRUDA, Marcelo de. Um modelo de privatização completa via leilão para os correios. *MISES: Interdisciplinary Journal of Philosophy, Law and Economics*, v. 6, n. 2, 2018.

Em 2015, ganharam notoriedade diversos casos de corrupção que envolveram empresa estatal do governo federal. Isso deixou em evidência a fragilidade dessas entidades, seja em seu aspecto empresarial, seja em seu aspecto estatal, e culminou com a regulamentação do art. 173, §1º da CF/1988.

Segundo Dal Pozzo e Martins,[91] conjectura-se que tendo em vista a apuração de corrupção na Petrobrás, descortinada pela operação intitulada "Lava Jato", foi acelerada a atuação do Congresso Nacional, pois a nova lei apenas foi publicada após as denúncias de desvios de recursos ocorridos na referida estatal. Assim, a Lei nº 13.303/2016, publicada em 3 de junho de 2016, foi responsável pela instituição de um Estatuto Jurídico da empresa pública, Sociedade de Economia Mista e suas subsidiárias, com previsão de diretrizes de governança corporativa, mecanismos de controle, proteção, reforço à transparência e novas regras de licitações e contratos.

Já como reflexo da Lei, o governo federal, em 21 de julho de 2016, por meio do Decreto nº 8.818,[92] criou a Secretaria de Coordenação e Governança das Empresas Estatais, com atuação sobre as empresas em que a União, direta[93] ou indiretamente,[94] detém a maioria do capital

---

[91] DAL POZZO, A. N.; MARTINS, R. M. *Estatuto Jurídico das Empresas Estatais*. São Paulo: Ed. Contracorrente, 2018.

[92] BRASIL. Decreto nº 8.818, de 21 de julho de 2016. Aprova a Estrutura Regimental e o Quadro Demonstrativo dos Cargos em Comissão e das Funções de Confiança do Ministério do Planejamento, Desenvolvimento e Gestão, remaneja cargos em comissão e funções gratificadas, substitui cargos em comissão do Grupo Direção e Assessoramento Superior-DAS por Funções Comissionadas do Poder Executivo Federal – FCPE, altera o Decreto nº 8.365, de 24 de novembro de 2014, e dá outras providências. *Diário Oficial da União*, Brasília, 22 jul. 2016. Disponível em: http://www.planalto.gov.br/ccivil_03/_Ato2015-2018/2016/Decreto/D8818.htm. Acesso em 11 abr. 2018.

[93] Empresa com Controle Direto da União – Empresa estatal cuja maioria do capital social com direito a voto pertença diretamente à União. Podem ser classificadas em: Empresa Pública – empresa estatal cuja maioria do capital votante pertença diretamente à União e cujo capital social seja constituído de recursos provenientes exclusivamente do setor público, ou como Sociedade de economia mista – empresa estatal cuja maioria das ações com direito a voto pertença diretamente à União e cujo capital social admite a participação do setor privado. Fonte: Decreto nº 8.945, de 2016. (Artigo 2º, inciso II e III). (BRASIL. Decreto nº 8.945, de 27 de dezembro de 2016. Regulamenta, no âmbito da União, a Lei nº 13.303, de 30 de junho de 2016, que dispõe sobre o estatuto jurídico da empresa pública, da Sociedade de economia mista e de suas subsidiárias, no âmbito da União, dos Estados, do Distrito Federal e dos Municípios. *Diário Oficial da União*, Brasília, 28 dez. 2016, republicado em 04 jan. 2017. Disponível em: http://www.planalto.gov.br/ccivil_03/_Ato2015-2018/2016/Decreto/D8945.htm. Acesso em 11 abr. 2018); (BRASIL. Ministério de Planejamento. Institucional. Secretaria de Coordenação e Governança de Empresas Estatais, 2018. Disponível em: http://www.planejamento.gov.br/acesso-ainformacao/institucional/unidades/sest. Acesso em 11 abr. 2018).

[94] Empresa com Controle Indireto da União – Empresa estatal cuja maioria do capital social com direito a voto pertença direta ou indiretamente a empresa pública ou Sociedade de economia

social com direito a voto, ou seja, as empresas públicas, Sociedades de Economia Mista, suas subsidiárias e controladas e demais empresas, denominadas empresas estatais.

Segundo o Ministério de Planejamento, Desenvolvimento e Gestão, a Secretaria é responsável pela elaboração do Programa de Dispêndios Globais (PDG) e da proposta do Orçamento de Investimentos (OI) das empresas estatais federais. Realiza também a gestão dos Conselheiros de Administração, representantes da União, o acompanhamento e a disponibilização das informações econômico-financeiras das empresas estatais.

A referida Secretaria é responsável, ainda, pelo aperfeiçoamento da gestão administrativa, por meio do aumento da eficácia e transparência na atuação das empresas estatais federais e atendimento da Lei nº 13.303/2016, com o objetivo de fortalecer as empresas estatais federais e aperfeiçoar a atuação do Estado, enquanto seu acionista, com vistas a potencializar os investimentos da União em benefício da sociedade.

2.3 Evolução legislativa das empresas estatais – do Decreto-Lei nº 200/67 até a CF/88

Segundo Meirelles,[95] a primeira conceituação legal das empresas estatais, no âmbito do ordenamento jurídico nacional, foi advinda do Decreto-Lei nº 200, de 1967, que trata da estrutura organizacional da administração pública brasileira, com a finalidade de estimular, mediante modelo empresarial, atividades que fossem consideradas como função estatal e que, diante da necessidade de maior eficiência em seu desempenho, fossem, portanto, descentralizadas.

Por meio do referido Decreto-Lei nº 200/67, foram instituídas, no ordenamento jurídico brasileiro, a administração direta, integrada pelos órgãos subordinados e despersonalizados, e a administração indireta, composta por autarquias, fundações públicas, empresas

---

mista controlada pela União. Fonte: Decreto nº 8.945, de 2016 (art. 2º, IV). (BRASIL. Decreto nº 8.945, de 27 de dezembro de 2016. Regulamenta, no âmbito da União, a Lei nº 13.303, de 30 de junho de 2016, que dispõe sobre o estatuto jurídico da empresa pública, da Sociedade de economia mista e de suas subsidiárias, no âmbito da União, dos Estados, do Distrito Federal e dos Municípios. *Diário Oficial da União*, Brasília, 28 dez. 2016, republicado em 04 jan. 2017. Disponível em: http://www.planalto.gov.br/ccivil_03/_Ato2015-2018/2016/Decreto/D8945.htm. Acesso em 11 abr. 2018).

[95] MEIRELLES, Hely Lopes. *Direito Administrativo Brasileiro*. São Paulo: Malheiros, 2000.

públicas e Sociedades de Economia Mista, todas com personalidade jurídica distinta do Estado e com autonomia financeira e patrimonial.

Mais precisamente em seu art. 5º, inciso III,[96] com redação dada pelo Decreto nº 900/1969, apresentou-se o conceito da pessoa jurídica denominada Sociedade de Economia Mista.

Assim, Di Pietro[97] afirma que, por definição legal, as Sociedades de Economia Mista são Sociedades anônimas, entidades dotadas de personalidade jurídica de direito privado que, segundo o Decreto-Lei nº 200/1967, são criadas por lei para exploração de atividade econômica, cujas ações com direito a voto devem pertencer, em sua maioria, à União ou a entidade da Administração Indireta, e que, evidentemente, por simetria, o conceito aplica-se às Sociedades de Economia Mista criadas pelos demais entes da federação.

Considerando o que expõe Dutra,[98] o citado Decreto traz a exigência de autorização legislativa para criar Sociedades de Economia Mista e empresas públicas, contribuindo para frear a sua criação desordenada.

Posteriormente, a Lei nº 6.404, de 1976,[99] (Lei das Sociedades Anônimas) reservou um capítulo especial destinado às Sociedades de Economia Mista, em seus artigos 235 a 240, expondo que se tem, obrigatoriamente, a forma empresarial de Sociedade anônima. A Lei não trouxe definição de Sociedade de Economia Mista, já tratada pelo Decreto Lei nº 200/1967.

Reforça-se, assim, como feito com o Decreto-Lei, que as citadas empresas devem ser criadas por lei[100] e apresentam contornos sobre a sua organização interna enquanto empresa. Contudo, de forma aderente à sua natureza de entidade da Administração Pública Indireta, apresenta, em seu art. 238,[101] como seu objetivo finalístico, a consecução do interesse

---

[96] Art. 5º Para fins desta lei, considera-se: Sociedade de economia mista – a entidade dotada de personalidade jurídica de direito privado, criada por lei para exploração de atividade econômica, sob a forma de sociedade anônima, cujas ações com direito a voto pertençam em sua maioria à União ou a entidade da Administração Indireta.

[97] DI PIETRO, Maria Sylvia Zanella. *Direito administrativo*. 20. ed. São Paulo: Atlas, 2007.

[98] DUTRA, Pedro Paulo de Almeida. *Controle de empresas estatais*: uma proposta de mudança. São Paulo: Saraiva, 1991.

[99] BRASIL. Lei nº 6.404, de 15 de dezembro de 1976. Dispõe sobre as Sociedades por Ações. *Diário Oficial da União*, Brasília, 17 dez. 1976. Disponível em: http://www.planalto.gov.br/ccivil/LEIS/L6404consol.htm. Acesso em 13 nov. 2018.

[100] Art. 236. A constituição de companhia de economia mista depende de prévia autorização legislativa.

[101] Art. 238. A pessoa jurídica que controla a companhia de economia mista tem os deveres e as responsabilidades do acionista controlador (artigos 116 e 117), mas poderá orientar as atividades da companhia de modo a atender ao interesse público que justificou a sua criação (grifos nossos).

público, única especificidade trazida pela Lei que a difere das demais Sociedades anônimas.

É bem verdade que o interesse público foi colocado pelo referido artigo como possibilidade, o que conferiu caráter prioritariamente empresarial à Sociedade de Economia Mista. Nesse sentido, o artigo deixa expressa a autorização para que o ente público controlador imponha à Sociedade o ônus de implementar políticas públicas, desde que aderentes ao seu objeto social, mas a redação não confere ao controlador uma imposição, apenas uma prerrogativa, sendo certo que interesses públicos gerais ou extras setoriais para além dos fins sociais especificamente imputados estariam, no entanto, vedados.

O capítulo da Lei n° 6404/76, destinado às Sociedades de Economia Mista, é tímido e superficial, voltado apenas às características gerais dessas companhias. A Lei trata de sua forma de constituição e aquisição de controle, objeto, administração e conselho fiscal, simplesmente adaptando as peculiaridades dessa Sociedade aos princípios básicos da lei. Apenas o art. 238 traz caráter de especialidade às Sociedades de Economia Mista, ao mencionar como norte para atuação do acionista controlador, o atendimento ao interesse público.

Posteriormente, a Constituição da República Federativa do Brasil de 1988 tratou de forma detalhada das empresas públicas e Sociedades de Economia Mista, especialmente em seu título VII, capítulo I, dedicado à Ordem Econômica e Financeira e aos princípios gerais da atividade econômica, em que a finalidade pública na atuação das empresas estatais passou de faculdade para dever do Estado, sob pena de, em não sendo observado, incorrer-se em inconstitucionalidade.

Nesse contexto, é necessário fazer um recorte acerca dos aspectos constitucionais que norteiam a intervenção do Estado no domínio econômico, bem como a atuação dos particulares na atividade econômica.

Os objetivos fundamentais da República Federativa do Brasil constantes do art. 3º da CF/88 são:

> (i) construir uma Sociedade livre, justa e solidária;
> (ii) garantir o desenvolvimento nacional;
> (iii) erradicar a pobreza e a marginalização e reduzir as desigualdades sociais e regionais;
> (iv) promover o bem de todos, sem preconceitos de origem, raça, sexo, cor, idade e quaisquer outras formas de discriminação deixa evidente a competência do Poder Público para satisfação dos interesses sociais

dos mais diversos, consagrando o modelo dirigente como o adotado pela nossa Constituição.[102]

Ao analisar a Ordem Econômica Constitucional brasileira, retoma-se o que expressa o art. 170 da Constituição Federal de 1988, cujos fundamentos, objetivos e alguns princípios gerais da atividade econômica no Brasil acabam por constituir um rol de normas programáticas. Isto é, normas que buscam orientar para onde e como vão ser dadas as atribuições fins do Estado, não somente o reflexo da realidade econômica.

Observa-se que o posicionamento majoritário da doutrina entende que os objetivos de ordem econômica não se exaurem no artigo 170, posto que o objetivo não é somente o de garantir a todos uma existência digna de acordo com os parâmetros da justiça social. Deve ser também entendido como meio para concretizar os objetivos fundamentais da república (artigo 3º), como a redução da pobreza, das desigualdades, etc.

Nesse limiar, Masso e Moreira *apud* Grau[103] apontam que os objetivos de ordem econômica consideram o princípio da inclusão social e da democracia econômica e social, uma vez que a atual Constituição brasileira expressa que deve se assegurar a todas estas premissas. Os referidos autores, ao refletirem se os objetivos da ordem econômica são vinculativos, explicam que muitos doutrinadores defendem que são somente uma referência para os três poderes. Não se tem a obrigatoriedade e a vinculação. Entretanto, atualmente, o dado entendimento tem perdido força, já que o Superior Tribunal Federal (STF) tem interpretado as normas constitucionais dando a elas efetividade.

Tavares[104] analisa que as normas constitucionais contam com uma carga de eficácia e, desse modo, uma carga de vinculação. Assim sendo, os objetivos da ordem econômica vinculariam, afirmativamente, os três poderes.

De forma implícita, a Constituição consagrou o princípio da vinculação da política econômica entendendo que os três poderes

---

[102] Para a teoria da Constituição Dirigente, a constituição não é só uma garantia do existente, mas também um programa para o futuro. Ao fornecer linhas de atuação para a política, sem substituí-la, destaca a interdependência entre Estado e sociedade: a constituição dirigente é uma constituição estatal e social. (BERCOVICI, Gilberto. Política econômica e direito econômico. *Revista da Faculdade de Direito da Universidade de São Paulo*, v. 105, p. 401, 2010).
[103] MASSO, Fabiano Del. *Direito Econômico*. São Paulo: Método, 2013; MOREIRA, Vital Martins. *Economia e constituição*: para o conceito de constituição econômica. Coimbra: s. ed., 1974 *apud* GRAU, Eros Roberto. *A ordem econômica na Constituição de 1988*. 2. ed. São Paulo: Malheiros, 2002.
[104] TAVARES, André Ramos. *Direito constitucional econômico*. 2. ed. rev. e atual. São Paulo: Método, 2006.

não poderiam ser separados dessa prerrogativa constitucional. Assim sendo, os objetivos fundamentais da ordem econômica são impositivos ao Estado e ao poder econômico, contando com caráter transformador da realidade. Compreende-se, assim, que, caso o presidente tenha a pretensão de anular o programa bolsa família, é preciso que se tenha outro programa em substituição, sob pena de violação ao princípio da proibição do retrocesso.

Grau[105] assevera que o artigo 170 representa um avanço no sentido de implantar nova ordem econômica, entendendo a atuação estatal, no âmbito de Constituição (dirigente), sendo empreendida prospectivamente, buscando ajustamento ocorrido por meio do planejamento, readequando não somente a "ordem estabelecida do presente, a defesa do presente, mas, também, a formulação de ordem futura, antecipação do porvir".

Baseando-se em acórdão do Ministro Gilmar Mendes,[106] a vigência dos objetivos ordenadores da atuação econômica do Estado convive com o fundamento constitucional constante no inciso IV do artigo 1º da CF/88 da livre iniciativa, que representa não apenas um dogma interpretativo para a solução de conflitos de direito, mas funciona como preceito estruturante da economia do mercado nacional, o que tem corroborado com o parágrafo único do artigo 170, segundo o qual fica estabelecido que a livre iniciativa é a regra, e a autorização do Estado para atuar no domínio econômico a exceção.

Contudo, considerando as ideias supracitadas,[107] evidenciado está, nos termos do caput do artigo 170, como fundamentos da ordem econômica constitucional, além da livre iniciativa, a valorização do trabalho humano, de forma a assegurar a todos existência digna, conforme os ditames da justiça social. Segundo Aragão,[108] pode-se

---

[105] GRAU, Eros Roberto. *A ordem econômica na Constituição de 1988*. 2. ed. São Paulo: Malheiros, 2002.

[106] STF. Ministro Gilmar Mendes. ADI nº 1.842. Tribunal Pleno, DJe 16.09.2013.

[107] Ação ajuizada pelo Partido Democrático Trabalhista (PDT), na qual se questiona a constitucionalidade da LC carioca nº 87/97 e dos artigos 8º a 21 da Lei carioca nº 2869/97. Por também impugnar a LC nº 87/97, as Adis nº 182667, 184368 e 190669 foram apensadas. Esta última ação contesta também o Decreto carioca nº 24631/98. A LC nº 87/97 cria a RM do Rio de Janeiro e a Microrregião dos Lagos, além de dispor sobre sua gestão, definindo as funções públicas de interesse comum. Os artigos impugnados da lei ordinária dispõem sobre o serviço de saneamento básico no estado e estabelecem até mesmo a política tarifária. O Decreto nº 24631/98 aprovou as condições de desestatização da Companhia Estadual de Águas e Esgotos (CEDAE).

[108] ARAGÃO, Alexandre Santos de. Serviços Públicos e concorrência. *ReDAE – Revista Eletrônica de Direito Administrativo Econômico*, v. 1, 2005.

afirmar que a CF/88 busca a ponderação entre os valores da livre iniciativa e de justiça social.

Portanto, apesar da importância da livre iniciativa como princípio estruturante da ordem econômica, o acórdão do Ministro Gilmar Mendes[109] alerta que não se pode afirmar que a CF/88 seja essencialmente liberal, já que apresenta previsões de intervenção estatal no domínio econômico que se contrapõem à perspectiva liberal tradicional, como os princípios da função social da propriedade (art. 170, III), de defesa do consumidor (art. 170, V) e de proteção ao meio ambiente (art. 170, VI). Compreende-se, desta maneira, que a ordem econômica na Constituição de 1988 exige interpretação mais dinâmica, podendo ser adequada às transformações da realidade social, prestando-se, também, a instrumentalizá-las.

O aspecto social da ordem econômica se evidencia quando, dentre os seus princípios condicionantes da atividade econômica, além da propriedade privada e da livre concorrência, aparecem as seguintes questões, apontadas por Nardes, Altounian e Vieira:[110]

> (i) redução das desigualdades regionais e sociais (art. 170, VII);
> (ii) busca do pleno emprego (art. 170, VIII) e
> (iii) tratamento favorecido para as empresas de pequeno porte constituídas sob as leis brasileiras e que tenham sua sede e administração no País (art. 170, IX).

São todos os citados princípios elencados no artigo 170 que possibilitam ao Estado brasileiro impor condicionamentos à atividade econômica, atuar na economia, direta ou indiretamente, nos termos do disposto nos artigos 172 a 192 da CF/88.

Especificamente quanto à atuação do Estado na ordem econômica, por meio de empresas estatais, esta pode ser exercida sob dois enfoques: com a função de executor ou regulador da atividade econômica, segundo os artigos 173 e 174 da CF/88.

---

[109] STF. Ministro Gilmar Mendes. ADI nº 1.842. Tribunal Pleno, DJe 16.09.2013.
[110] NARDES, João Augusto; ALTOUNIAN, Cláudio Sarian; VIEIRA, Luís Afonso Gomes. *Governança Pública – O Desafio do Brasil*. 2. ed. Belo Horizonte: Fórum, 2016.

2.4 Abrangência e atividades desenvolvidas por empresas estatais

Segundo o sétimo boletim das empresas estatais federais apresentado no 2º trimestre de 2018 pela Secretaria de Coordenação e Governança das empresas estatais integrante do Ministérios de Planejamento, Desenvolvimento e Gestão,[111] a União possui 138 empresas estatais. Se comparado ao ano de 2016, de acordo com a Figura 1, houve redução de cerca de 10,4% (dez virgula quatro por cento) do total de empresas em relação ao ano de 2016, seja em decorrência da realização de incorporações ou vendas.

FIGURA 1
Dados quantitativos de empresas estatais

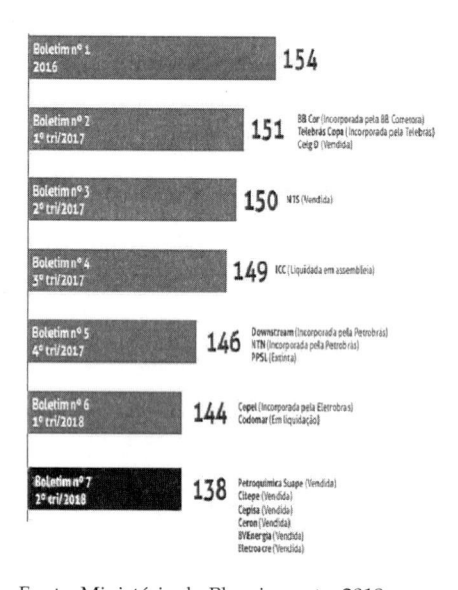

Boletim	Total	Alterações	Legenda
Boletim nº 1 – 2016	154		BB Cor - BB Cor Participações S.A.
Boletim nº 2 – 1º tri/2017	151	BB Cor (Incorporada pela BB Comércio); Telebrás Copa (Incorporada pela Telebrás); Celg D (Vendida)	Celg D - Celg Distribuição S.A.
Boletim nº 3 – 2º tri/2017	150	NTS (Vendida)	Downstream - Downstream Participações LTDA.
Boletim nº 4 – 3º tri/2017	149	ICC (Liquidada em assembleia)	ICC - Indústria Carboquímica Catarinense S.A.
Boletim nº 5 – 4º tri/2017	146	Downstream (Incorporada pela Petrobrás); NTN (Incorporada pela Petrobrás); PPSL (Extinta)	NTN - Nova Transportadora do Nordeste S.A.; NTS - Nova Transportadora do Sudeste S.A.; PPSL - Petrobras Participaciones, S.L.
Boletim nº 6 – 1º tri/2018	144	Cepel (Incorporada pela Eletrobras); Codomar (Em liquidação)	Telebrás Copa - Telebrás Copa S.A.; Cepel - Centro de Pesquisas de Energia Elétrica S.A; Codomar - Companhia das Docas do Maranhão S.A
Boletim nº 7 – 2º tri/2018	138	Petroquímica Suape (Vendida); Citepe (Vendida); Cepisa (Vendida); Ceron (Vendida); BVEnergia (Vendida); Eletroacre (Vendida)	Citepe - Companhia Integrada Têxtil de Pernambuco; Petroquímica Suape - Companhia Petroquímica de Pernambuco; Cepisa - Companhia Energética do Piauí; Ceron - Centrais Elétricas de Rondônia; BVEnergia - Boa Vista Energia S.A.; Eletroacre - Companhia de Eletricidade do Acre

Fonte: Ministério do Planejamento, 2018.

De acordo com o referido boletim,[112] o resultado dos conglomerados de Empresas Estatais Federais, na comparação dos primeiros seis

---

[111] BRASIL. Ministério de Planejamento. *Boletim das empresas estatais*. Disponível em: http://www.planejamento.gov.br/assuntos/empresas-estatais/publicacoes/boletim-das-empresas-estatais. Acesso em 28 dez. 2018.

[112] BRASIL. Ministério do Planejamento, Desenvolvimento e Gestão, Secretaria de Coordenação e Governança das Empresas Estatais. *Boletim das Empresas Estatais Federais [recurso eletrônico]*.

meses de 2017 com os primeiros seis meses de 2018, passou de um lucro de R$17,3 bilhões para um lucro de R$37,0 bilhões (aumento de 113,9%).

Os conglomerados (BB, BNDES, Caixa, Eletrobrás e Petrobrás) representam mais de 93% dos Ativos Totais e do Patrimônio Líquido das Estatais Federais (dados contábeis de dezembro de 2017). Entre os grupos analisados, o maior crescimento verificado foi no Grupo Petrobras, que saiu de um lucro de R$5,1 bilhões, no primeiro semestre de 2017, para um lucro de R$16,8 bilhões, no primeiro semestre de 2018 (aumento de 229,8%), de acordo com o mesmo Boletim das Empresas Estatais, já mencionado.

Considerando-se as empresas do Setor Produtivo, do Setor Financeiro e as Dependentes, na comparação do ano de 2016 com o ano de 2017, o resultado passou de um lucro de R$4,6 bilhões para um lucro de R$25,0 bilhões (aumento de 447,6%; R$20,46 bilhões). As principais empresas responsáveis pela melhora no resultado de 2017 em relação a 2016 foram a Petrobrás,

a Caixa Econômica Federal, o Banco do Brasil e os Correios. A Petrobrás e os Correios reverteram prejuízos anteriores, já a Caixa Econômica Federal e o Banco do Brasil aumentaram o lucro.

Apesar dos melhores resultados financeiros das empresas federais pertencerem a um grupo específico, há grande diversidade de seus perfis de atuação, especialmente no âmbito federal. Isso demonstra sua importância para o desenvolvimento do setor produtivo. Esta diversidade de possibilidades de atuação é, por vezes, utilizada como mecanismo de regulação do mercado, abarcando quase todos os setores da economia, conforme se verifica no Boletim das Empresas Estatais Federais, demonstrado na Figura 2:

Vol. 7 (set. 2018). Brasília: MP, 2018. Disponível em: https://www.gov.br/economia/pt-br/centrais-de-conteudo/publicacoes/boletins/boletim-das-empresas-estatais-federais/arquivos/boletim-das-empresas-estatais-federais-2013-7a-edicao.pdf. Acesso em: 10 out. 2020.

FIGURA 2
Empresas Estatais Federais separadas por área de atuação

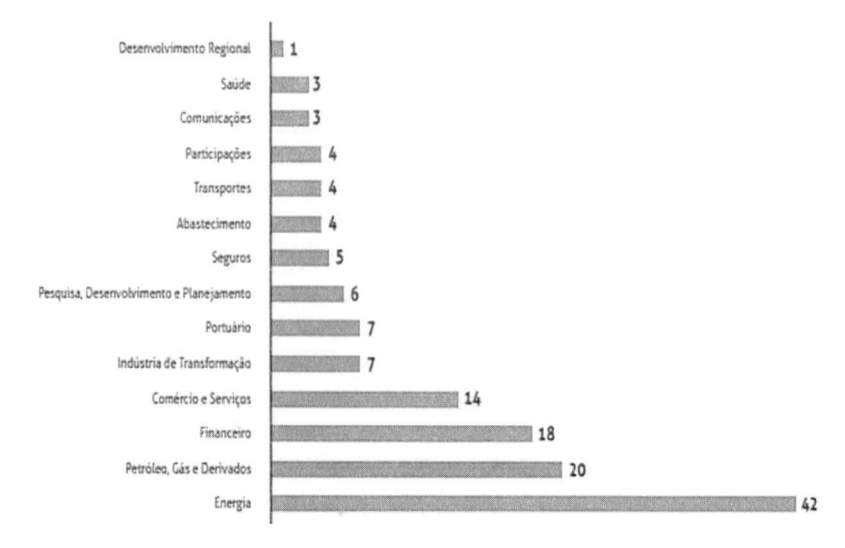

Área	Quantidade
Desenvolvimento Regional	1
Saúde	3
Comunicações	3
Participações	4
Transportes	4
Abastecimento	4
Seguros	5
Pesquisa, Desenvolvimento e Planejamento	6
Portuário	7
Indústria de Transformação	7
Comércio e Serviços	14
Financeiro	18
Petróleo, Gás e Derivados	20
Energia	42

Fonte: Ministério do Planejamento, 2018.[113]

Segundo Egon Bockmann Moreira, as empresas estatais constituem-se como um dos meios aplicados pelo Estado para regulação econômica.

> [...] as empresas estatais são técnicas de endorregulação econômica, por meio das quais o Poder Público ingressa na economia e pretende alterar o comportamento dos demais agentes econômicos (...) isso sempre se passou, mas sem maiores destaques. Atente-se para o fato de que essa faceta ficou clara na história recente brasileira quando os bancos estatais foram forçados pelo poder do titular do controle – leia-se a União, ou melhor, a Presidência da República – a baixar os juros praticados nos respectivos empréstimos ao consumidor. A toda evidência, com isso o acionista controlador não pretendia simplesmente diminuir os próprios lucros (o que atentaria contra o dever societário de exercício do poder de controle em favor da companhia). O que se visava era uma revolução

---

[113] BRASIL. Ministério da Economia, Secretaria Especial de Desestatização, Desinvestimento e Mercados, Secretaria de Coordenação e Governança das Empresas Estatais. *Boletim das Empresas Estatais Federais [recurso eletrônico]*. Vol. 12 (jul./set. 2019), p. 7. Brasília: SEST/ME, 2019. Disponível em: https://www.gov.br/economia/pt-br/centrais-de-conteudo/publicacoes/boletins/boletim-das-empresas-estatais-federais/arquivos/12a-edicao-boletim-das-empresas-estatais-federais.pdf. Acesso em: 10 out. 2020.

no preço cobrado dos consumidores: baixando juros, supunha-se que os demais bancos seriam forçados a tentar diminuir os seus – e, assim, todos colaborariam na atenuação do custo Brasil (o que, ao que tudo indica, não deu certo).[114]

No Estado de Minas Gerais, a diversidade de atividades de suas empresas públicas, Sociedades de Economia Mista e suas subsidiárias também é vasta, alcançando os principais setores da economia com caraterísticas semelhantes às do governo federal, conforme descrito, em que as maiores empresas se encontram ligadas a setores estratégicos, como energia, tratamento e distribuição de água e esgoto, e gás combustível.

Neste contexto, destaca-se a Companhia de Desenvolvimento Econômico (CODEMIG), empresa pública do Estado de Minas Gerais cujo objeto social é a promoção do desenvolvimento econômico do Estado de Minas Gerais, mediante, dentre outras atividades,[115] a pesquisa, a lavra, o beneficiamento, a exploração, a produção e a industrialização, o escoamento e qualquer forma de aproveitamento econômico de substância mineral, petróleo e gás natural, recursos hídricos, direta ou indiretamente, no País ou no Exterior.

---

[114] MOREIRA, Egon Bockmann. O papel regulatório das empresas estatais. In: *Revista Colunistas de Direito do Estado*, ano 2016, n. 253. Disponível em: http://www.direitodoestado.com.br/colunistas/egon-bockmann-moreira/o-direito-economico-e-o-papel-regulatorio-das-empresas-estatais. Acesso: 10/10/2018

[115] Segundo o Estatuto Social da Companhia de Desenvolvimento Econômico do Estado de Minas Gerais (CODEMIG), a empresa tem por objeto social promover o desenvolvimento econômico do Estado de Minas Gerais, mediante: I – a contratação ou a execução de projeto, obra, serviço e, em caráter complementar, de empreendimento de fomento, incluindo estrada, centro de exposição, feira, evento e convenção, bem como seus serviços e equipamentos; II – a pesquisa, a lavra, o beneficiamento, a exploração, a produção e a industrialização, o escoamento e qualquer forma de aproveitamento econômico de substância mineral, petróleo e gás natural, recursos hídricos, direta ou indiretamente, no País ou no Exterior; III – a proteção e a preservação de mananciais em estâncias minerais de que detenha a concessão; IV – a construção e a administração, direta ou indiretamente, de prédios e instalações relacionados com hotelaria e turismo, bem como a promoção de programas, projetos e ações de apoio e incentivo ao turismo no Estado de Minas Gerais; V – a construção e operação de distritos industriais e áreas destinadas à implantação de empresas, bem como a contratação de estudos e projetos de industrialização, em consonância com a legislação municipal e ambiental; VI – a administração de bens dominicais pertencentes ao Estado de Minas Gerais, suas autarquias e fundações, com vistas ao seu melhor aproveitamento; VII – a participação em empreendimento econômico, em parceria com empresa estatal ou privada; VIII – a contratação de parceria público-privada, na forma da legislação pertinente; IX – a participação em empresa privada dos setores minerossiderúrgico e metalúrgico, com a qual mantenha parceria; X – o desenvolvimento de empreendimentos, cujas atividades incorporem novas tecnologias; XI – a realização de operações visando o desenvolvimento de projetos e empreendimentos de empresas privadas com importância e relevância para a economia do Estado.

Trata-se de empresa que, segundo diagnóstico elaborado pela Comissão de Transição do Governo 2019/2022,[116] possuía, em 2017, receita bruta de R$604 milhões de reais e lucro líquido de R$273 milhões de reais. Nota-se que as empresas do Estado de Minas Gerais, do total de 16 (dezesseis), 06 (seis) apresentaram prejuízo líquido, sendo essas de áreas de atuação diversificadas – financeira, tecnologia da informação, subsidiária de saneamento básico, habitação, ainda com base no Diagnóstico apresentado pela Comissão de Transição governo 2019/2022.[117]

A Empresa de Assistência Técnica e Extensão Rural de Minas Gerais (EMATER) e a Empresa de Pesquisa Agropecuária de Minas Gerais (EPAMIG) desenvolvem importantes atividades cujo interesse público é evidente, contudo, na condição de empresas públicas, não possuem atividade que produza receitas suficientes para a sua subsistência enquanto entidade com personalidade jurídica própria.

Nesse contexto, vale ressaltar que não se está questionando a pertinência da Administração Pública manter empresas dependentes, que conforme o art. 2º da Lei Complementar nº 101/200, são aquelas empresas que recebem do ente controlador recursos financeiros para pagamento de despesas com pessoal ou de custeio em geral ou de capital, excluídos, no último caso, aqueles provenientes de aumento de participação acionária. O que se está alertando, então, é a ausência de atividades que sejam capazes de produzir produtos ou serviços que sejam mensuráveis economicamente e que, portanto, justifiquem a sua manutenção enquanto empresa.

Com base no panorama apresentado das empresas estatais da União e do Estado de Minas Gerais, não é possível concluir pela desnecessidade dessas entidades enquanto entidades da Administração Pública, o que, evidentemente, envolveria análise mais profunda e sujeita

---

[116] MINAS GERAIS. *Relatório de transição de governo – relatórios setoriais*. Disponível em: https://www.mg.gov.br/.../transicao.../Documento%20de%20Transição%20-%20SES.pdf. Acesso em 28 dez. 2018.

[117] Segundo Diagnóstico apresentado pela Comissão de Transição governo 2019/2022, o Banco de Desenvolvimento de Minas Gerais – BDMG; a Companhia de Habitação de Minas Gerais – COHAB; a Companhia de Tecnologia da Informação do Estado de Minas Gerais – PRODEMGE; a Copasa Serviços de Saneamento Integrado do Norte e Nordeste de Minas Gerais S/A – COPANOR; a Minas Gerais Administração e Serviços – S/A MGS e a Minas Gerais Participações S/A – MGI, apresentaram prejuízo líquido no exercício de 2017. (PORTAL NEGÓCIOS JÁ. Diagnóstico do Estado de Minas Gerais. 2017. Disponível em: portalnegociosja.com.br/wp-content/uploads/2018/12/Diagnostico-de-Minas-Gerais.pdf. Acesso em 13 jan. 2019).

a inúmeras variáveis que aqui não foram consideradas, inclusive sob o ponto de vista ideológico, social e temporal.

Nesse limiar, as informações anteriormente explicitadas permitem o entendimento de que, em sua maioria, as empresas estatais não são deficitárias, não sendo possível verificar, no entanto, se o resultado decorre de investimentos constantes do Estado ou se de sua atividade empresarial. Em contrapartida, permite a constatação de que, em sua maioria, dado o volume de recursos que movimentam, tais empresas desempenham papel importante em sua área de atuação.

Com base nos dados levantados, Pereira Júnior et al.[118] afirmam que é necessário revisar a necessidade de manutenção de algumas empresas enquanto entidades empresárias, já que algumas não desempenham atividades capazes de gerar ganhos econômicos que justifiquem este modelo de organização. No caso das superavitárias, deve-se discutir qual deve ser o papel do Estado no momento contemporâneo.

A Lei nº 13.303/16 apresenta o Estatuto Jurídico das Empresas Estatais, colocando novamente essas empresas em evidência, especialmente quanto ao seu papel estratégico na organização administrativa do Estado, com funções mediadoras e influentes, quando não determinantes sobre os demais agentes da ordem econômica.

Merece destaque, nesse contexto, a análise da evolução legislativa por que passaram essas empresas até a Constituição da República Federativa do Brasil de 1988, fundada no paradigma do Estado Democrático de Direito.

2.5 Evolução do regime jurídico das Sociedades de Economia Mista

Venâncio Filho[119] afirmou que a expressão *Sociedade de Economia Mista* não é um conceito do Direito, por não advir de noção jurídica bem delimitada. Significa apenas a reunião de capitais privados e fundos públicos para realizar a exploração de um empreendimento econômico.

Ainda de acordo com Venâncio Filho,[120] o conceito de Sociedade de Economia Mista é oriundo da área de Economia e Finanças.

---

[118] PEREIRA JÚNIOR, Jessé Torres et al. *Comentários à Lei das Empresas Estatais*: Lei nº 13.303/16. Belo Horizonte: Fórum, 2018.
[119] VENÂNCIO FILHO, Alberto. *A Intervenção do estado no domínio econômico*. Rio de Janeiro: Renovar, 1998.
[120] VENÂNCIO FILHO, Alberto. *A Intervenção do estado no domínio econômico*. Rio de Janeiro: Renovar, 1998.

A conclusão desses argumentos seria de que a Sociedade de economia mista não constitui um conceito jurídico e não representa entidade própria, à medida que se enquadra no esquema do direito da LSA, não alcançando relevância jurídica, uma vez que sua regulamentação seria idêntica à de qualquer empresa comercial.

Segundo Nester,[121] os preceitos anteriores não parecem ser a melhor definição apta a conceituar Sociedade de economia mista, já que além de estar sujeita à Lei das Sociedades Anônimas e, portanto, ser empresa comercial, não pode ser classificada como idêntica a qualquer empresa. Inclusive, a própria Lei destina a elas um capítulo especial, com a expressa previsão de observância, ainda que, como possibilidade do interesse público, e de acordo com o já citado Decreto Lei n° 200/67, isso torna-se evidente, ao integrá-las à Administração Pública Indireta.

A Sociedade de economia mista não pode ser unidade isolada, livre para perseguir os seus objetivos de forma dissociada dos interesses públicos. Segundo Warde Júnior,[122] é importante ferramenta estatal, na medida em que, para além dos interesses de seus investidores privados ou de empresas similares de mercado, objetiva a concretização de finalidade pública.

Segundo Di Pietro:

> [...] a sociedade de economia mista é pessoa jurídica de direito privado, em que há conjugação de capital público e privado, participação do poder público na gestão e organização sob forma de Sociedade anônima, com as derrogações estabelecidas pelo direito público e pela própria lei das S.A. (Lei n° 6404, de 15.12.76); executa atividades econômicas, algumas delas próprias da iniciativa privada (com sujeição ao art. 173 da Constituição) e outras assumidas pelo Estado como serviços públicos (com sujeição ao art. 175 da Constituição).[123]

A referida doutrinadora considera que o termo "economia mista" precisa ser compreendido de modo limitado, no sentido de equilibrar capitais públicos e privados para posteriores objetivos de interesse coletivo. Ademais, a Sociedade de economia mista acaba por referir-se

---

[121] NESTER, Alexandre Wagner. *The Importance of Interprofessional Practice and Education in the Era of Accountable Care*, v. 77, n. 2, p. 128-32, 2016.

[122] WARDE JÚNIOR, Walfrido. *Falta legitimidade à reforma política – DCI*. Warde Advogados, 2018. Disponível em: warde.com.br/falta-legitimidade-reforma-politica-dci/. Acesso em 13 dez. 2018.

[123] DI PIETRO, Maria Sylvia Zanella. *Direito administrativo*. 20. ed. São Paulo: Atlas, 2007. p. 377.

a qualquer organização que apresentar a participação ativa do Estado e do particular no que diz respeito ao seu capital e ao seu caminho. Nesse contexto, conforme já explicitado em toda a legislação nacional que dela trata, possuem como característica que as difere das demais sociedades mercantis, a necessidade de atendimento do interesse público como objetivo principal de sua existência, sendo meio para viabilização de políticas públicas. A lucratividade, por conseguinte, é seu objetivo secundário.

A Lei nº 13.303/16 reforça o conceito trazido pelo Decreto Lei nº 200/67 sobre as Sociedades de Economia Mista, ao dispor, em seu art. 4º, que se trata de entidade dotada de personalidade jurídica de direito privado, sendo sua criação autorizada por lei apenas sob a forma de sociedade anônima, cujas ações com direito a voto pertençam, em sua maioria, aos Entes Federativos ou a entidade da administração indireta que a tenha criado.

Já no §1º, do art. 4º, da Lei nº 13.303/16, o interesse público é expresso, deixando claro que o acionista controlador deverá atuar de forma a respeitar o interesse público que justifica a sua criação. O art. 8º, em seu §1º, também prevê que a manifestação do interesse público deve ocorrer por meio do alinhamento entre os objetivos da sociedade e aqueles relacionados à consecução de políticas públicas.

Ainda, é necessária a indicação do relevante interesse coletivo disposto no art. 173 da CF/88 que deixe claro a transcendência da atuação da Sociedade de economia mista na atividade concorrencial, para além da finalidade empresarial, devendo vincular-se a interesses que suplantem o interesse dos acionistas, dos administradores e de seus *stakeholders*.

Os *stakeholders* em uma organização são, por definição, qualquer grupo ou indivíduo que pode afetar ou ser afetado pela realização dos objetivos dessa empresa. São indivíduos, grupos e outras organizações que têm interesse nas ações de uma empresa e que têm habilidade para influenciá-la, segundo preleciona Tapscott e Ticoll.[124]

Lima e Lamy Filho e Pedreira[125] defendem que é preciso ressaltar que não é a simples presença do capital público que pode caracterizar a existência da sociedade de economia mista, mas sim, a presença do

---

[124] TAPSCOTT, D.; TICOLL, D. *A empresa transparente*. São Paulo: M. Books do Brasil, 2005.
[125] LIMA, Cristiana Maria Melhado Araújo. *Regime jurídico dos portos marítimos*. 2009. Disponível em: https://www.jusbrasil.com.br/topicos/84504060/cristina-maria-melhado-araujo-lima/atualizacoes. Acesso em 11 nov. 2018; LAMY FILHO, Alfredo; PEDREIRA, José Luiz Bulhões. *Direito das companhias*. Rio de Janeiro: Forense, 2009.

Estado. Há casos de participação pública no capital de empresas com participação reduzida ou temporária que não caracteriza o regime de direito comercial.

Para tratar das peculiaridades das Sociedades de Economia Mista, é necessário que suas características sejam apresentadas, comparando-as com as empresas públicas. Nesse sentido, as Sociedades de Economia Mista diferenciam-se das empresas públicas, inicialmente, por apenas poderem assumir a forma societária de sociedade anônima, sendo que as empresas públicas podem assumir qualquer forma societária em direito admitida.

O capital das empresas públicas é exclusivamente público, podendo ser dividido entre mais de uma entidade da administração pública indireta em qualquer nível da federação, já as Sociedades de Economia Mista possuem capital misto (público e privado), devendo o controle acionário ser sempre público.[126]

Ainda acerca da Sociedade de economia, a competência para julgamento de ações em que figure como ré ou autora, é da justiça estadual, salvo se a União Federal estiver atuando como assistente ou oponente, ou se a matéria deslocar a competência nos moldes dos incisos do art. 109 da CF/88. Já no que se refere às empresas públicas, a competência é da justiça federal, nos termos do art. 109, inciso I da CF/88.

Certo é que além dessas diferenças materiais estabelecidas entre as espécies de empresas estatais brasileiras, a diferença que se mostra mais importante e que parece ser menos explorada é a dificuldade de definição de seu papel enquanto empresa integrante da Administração Pública e como sociedade em que o sócio minoritário é a iniciativa privada, cujo interesses finalísticos são divergentes. Enquanto o Estado, acionista controlador das empresas estatais, objetiva atingir o interesse público como sua finalidade precípua, a acionista privada objetiva a obtenção de resultados econômicos positivos que justifiquem a sua participação acionária.

Na empresa pública, como o capital é integralmente do Poder Público, a dificuldade na definição de seu papel mostra-se mitigada, já que há posicionamento uniforme entre os acionistas, seja o próprio

---

[126] BRASIL. Lei nº 13.303, de 30 de junho de 2016. Dispõe sobre o estatuto jurídico da empresa pública, da Sociedade de economia mista e de suas subsidiárias, no âmbito da União, dos Estados, do Distrito Federal e dos Municípios. *Diário Oficial da União*, Brasília, 01 jul. 2016. p. 2. Disponível em: www.planalto.gov.br/ccivil_03/_Ato2015-2018/2016/Lei/L13303.htm. Acesso em 14 mar. 2018.

Estado ou entidades da Administração Pública Indireta, todos aderentes à necessidade de atendimento do interesse público como seu objetivo maior.

Nas Sociedades de Economia Mista, a presença do capital privado parece dificultar a sua conciliação com o interesse público. Contudo, tal compreensão se mostra equivocada, já que como em uma relação simbiótica, o interesse público e o interesse econômico beneficiam-se mutuamente. O modelo societário das Sociedades de Economia Mista exige para sua existência a finalidade pública a ele atrelada, bem como a obtenção de recursos econômicos que respaldem a sua manutenção enquanto sociedade empresária, incluída aí a permanência dos acionistas privados.

Aliar os interesses que compõem a natureza dessas sociedades não é tarefa fácil, mas possível e relevante no cenário nacional, dada a sua participação no desenvolvimento econômico do país, sem que para tanto haja o desvirtuamento de suas atribuições.

Tais conclusões são necessárias para a adequada identificação do papel dos instrumentos de governança corporativa, controles e ações de transparência previstos na Lei das Estatais, na melhor delimitação da atuação dessas sociedades enquanto empresas e entidades da administração pública indireta.

CAPÍTULO 3

INTERESSES PÚBLICO, PRIVADO E COLETIVO DAS SOCIEDADES DE ECONOMIA MISTA

3.1 Interesse público

O conceito de *interesse público* é mesmo impreciso, por isso de difícil conceituação única, devendo ser mensurado com base em fatos concretos e vinculado ao contexto em que se insere. Segundo Bandeira de Mello, o interesse público deve ser conceituado "como o interesse resultante do conjunto dos interesses que os indivíduos pessoalmente têm quando considerados em sua qualidade de membros da sociedade e pelo simples fato de o serem".[127]

Expressões que "carregam" conceitos jurídicos indeterminados são, pela sua própria natureza, de difícil delimitação, já que, sujeitas à discricionariedade do intérprete na sua aplicação, proporcionam graus distintos de elasticidade que podem variar de acordo com a classificação subjetiva do gestor público na definição do melhor interesse público no caso concreto.

Di Pietro e Grotti,[128] acerca dos conceitos jurídicos indeterminados, concordam que o legislador conferiu liberdade à Administração Pública ao dispor nas leis o que chamam de "conceito de valor", devendo o administrador atuar com suas escolhas subjetivas no "caso concreto", segundo os critérios de razoabilidade e proporcionalidade.

---

[127] BANDEIRA DE MELLO, Celso Antônio. *Curso de direito administrativo*. 17. ed. rev., ampl. e atual. São Paulo: Malheiros, 2004. p. 64.
[128] DI PIETRO, Maria Sylvia Zanella. *Direito administrativo*. 20. ed. São Paulo: Atlas, 2007; GROTTI, Dinorá Adelaide Musetti. Teoria dos Serviços Públicos e sua Transformação. *In*: SUNDFELD, Carlos Ari (Coord.). *Direito Administrativo Econômico*. São Paulo: Malheiros, 2006.

Em definição poética e, ao mesmo tempo, precisa da complexidade da expressão "interesse público", Muñoz[129] o define como o amor, sentimento que muitos podem conhecer, dizer que suas veias já pulsaram por ele, mas no momento de defini-lo, é como se perdesse forças, desaparecesse, então melhor não o definir.

Especificamente, diante da complexidade das relações travadas pelas Sociedades de Economia Mista, notadamente em relação à satisfação do "interesse público" que deve nortear sua atuação enquanto entidades da Administração Pública Indireta e, especialmente, a conceituação da expressão "relevante interesse coletivo" prevista constitucionalmente como critério limitador da atuação dessas entidades na exploração de atividade econômica, Osório[130] explica ser imperiosa a diferenciação do interesse público e do interesse coletivo e sua relação com o interesse econômico intrínseco à natureza dessas sociedades.

Nesse cenário complexo, propõe-se uma reflexão e uma consequente revisão da interpretação tradicional conferida pela doutrina clássica de Direito Administrativo, que atribui ao interesse público caráter de superioridade em relação a qualquer outro interesse que lhe pareça conflitante, conferindo-lhe caráter principiológico absoluto, como se fosse capaz de sempre justificar escolhas unilaterais do Estado no desempenho de suas atribuições, sejam elas internas ou voltadas à sociedade.

3.2 O interesse público e sua supremacia apriorística no Estado Democrático de Direito

O paradigma tradicional do conceito de interesse público e a inevitável discussão sobre sua sustentação no Estado Democrático de Direito é necessária para que sejam realizadas reflexões na sua aplicação no direito administrativo tradicional. Segundo Ferreira e Krohling,[131] o Estado fez uma trajetória pendular ligada à política e às transformações sociais, mas a história demonstrou que o caminho percorrido sempre

---

[129] MUÑOZ, Guillermo Andrés. El interesse público es como ele amor. In: BACELLAR FILHO, Romeu Felipe; HACHEM, Daniel Wunder (Coord.). *Direito Administrativo e interesse público*: estudos em homenagem ao Professor Celso Antônio Bandeira de Mello. Belo Horizonte: Fórum, 2010.

[130] OSÓRIO, Fábio Medina. Existe uma supremacia do interesse público sobre o privado no Direito Administrativo brasileiro? *Revista de Direito Administrativo*, n. 220, 2000.

[131] FERREIRA, Dirce Nazaré; KROHLING, Aloísio. O princípio da supremacia do interesse público no Estado democrático de direito e sua roupagem neoconstitucionalista. *Revista de Direitos Fundamentais e Democracia*, Curitiba, v. 14, n. 14, p. 482-503, 2013.

esteve atrelado a grupos de poder, o que ocasionou um percurso de dominação na Sociedade, desde o liberalismo até o Estado Democrático de Direito e, neste caminhar, transformou em aparelhamento muitas vezes voltado à classe que o gerou.

Gabardo e Harchem[132] relacionam que o Estado do século XIX caracteriza-se como liberal, mas que do ponto de vista interno apresenta-se absoluto, soberano. Do Estado partem todas as faculdades e prerrogativas de domínio exercidas em nome do povo e em prol dele, despersonificando a figura do poder e substituindo-a pelo poder estatal, como verdadeiro aparato de gestão do poder.

O Estado liberal consagra as liberdades, garantias e direitos individuais, objetivando garantir liberdade, convivência pacífica, segurança e propriedade. Medauar[133] acredita na necessidade de consolidação do poder estatal na função de garantir a ordem, a segurança e o exercício dos direitos do indivíduo, aliada à necessária de concessão de autonomia à atuação privada, o que ocasiona a distinção entre o poder soberano do Estado e o poder dos indivíduos nas suas relações, estabelecendo uma relação verticalizada e separatista.

Já no século XX, Binenbojm[134] aponta que, com o advento do Estado social, houve uma aproximação da sociedade com o Estado, em um movimento contrário à emancipação dos indivíduos em relação à atuação Estatal, tendo como resultado fundamental das políticas intervencionistas a estatização da sociedade, enfraquecendo a distinção entre a esfera pública e a privada.

E, segundo Medauar:

> Com a dinâmica intervencionista o Estado passou a atuar em esferas antes tidas como reservadas à autonomia privada, em especial no setor econômico e social, do que resultou o processo denominado de *publicização do privado*; o que afetava a poucos passou a ser de interesse comum; a política interferiu na economia; por outro lado, grandes corporações, associações e grupos privados passaram a exercer pressão

---

[132] GABARDO, Emerson; HACHEM, Daniel Wunder. O suposto caráter autoritário da supremacia do interesse público e das origens do direito administrativo: uma crítica da crítica. *In*: *Direito administrativo e interesse público*: estudos em homenagem ao Professor Celso Antônio Bandeira de Mello. Belo Horizonte: Fórum, 2010.

[133] MEDAUAR, Odete. *Direito administrativo moderno*. 12. ed. São Paulo: Revista dos Tribunais, 2008.

[134] BINENBOJM, Gustavo. Da supremacia do interesse público ao dever de proporcionalidade: um novo paradigma para o direito administrativo. *In*: SARMENTO, Daniel (Org.). *Interesses públicos versus interesses privados*: desconstruindo o princípio da supremacia do interesse público. 2. tiragem. Rio de Janeiro: Lumen Juris, 2007.

sobre o Estado, a colaborar na gestão de atividades de interesse geral, a solucionar problemas mediante acordos e negociações, gerando a chamada *privatização do público*.[135]

Os debates sobre a relação Estado-sociedade ressurgiram na década de 1990 do século XX e início do século XXI com os estudos sobre o princípio da subsidiariedade, objetivando delimitar e segregar o campo de atuação do Estado e da iniciativa privada.

Contudo, Binenbojm[136] explica que o interesse público sempre esteve ligado à vontade estatal, em posição de superioridade, tanto no Estado liberal, quando no Estado social, e ainda persiste no Estado Democrático de Direito, sob o fundamento da representação da vontade de uma coletividade em detrimento de vontades individuais.

Ávila[137] lembra que especialmente o Direito Administrativo tardou por perceber e refletir sobre a "vontade do cidadão" como princípio democrático, sendo certo que ainda hoje persiste o princípio da supremacia do interesse público como premissa "inquestionável" para justificar as prerrogativas que conferem ao Estado superioridade. Por conseguinte, configura um poder assimétrico em relação ao particular, sob o fundamento da Administração Pública ser a guardiã dos interesses da coletividade,[138] em contraponto com a vontade privada do indivíduo.

---

[135] MEDAUAR, Odete. *Direito administrativo moderno*. 12. ed. São Paulo: Revista dos Tribunais, 2008. p. 115.

[136] BINENBOJM, Gustavo. Da supremacia do interesse público ao dever de proporcionalidade: um novo paradigma para o direito administrativo. *In*: SARMENTO, Daniel (Org.). *Interesses públicos versus interesses privados*: desconstruindo o princípio da supremacia do interesse público. 2. tiragem. Rio de Janeiro: Lumen Juris, 2007.

[137] ÁVILA, Humberto. Repensando o "Princípio da Supremacia do Interesse Público Sobre o Particular". *In*: SARMENTO, Daniel (Org.). *Interesses públicos vs. interesses privados*: desconstruindo o princípio de supremacia do interesse público. Rio de Janeiro: Lumen Juris, 2007.

[138] Especificamente sobre o princípio da supremacia do interesse público, Ferreira e Krohling contextualizam: "O Estado se edificou sobre ruínas de velhos clãs com a perspectiva de remodelagem, mas se apropriou das práticas dessas classes, reproduzindo-as em menor ou maior grau. E assim utilizou o princípio da supremacia do interesse público pelas vestes neutrais da lei tanto no Estado liberal, quanto no Estado social e também no Estado democrático de direito. Esse último apresenta maior potencial de adversidade, porque se mostra como Estado constitucional onde florescem os direitos fundamentais, mas desenvolveu o Estado neoliberal que se apresentou como perfil ideológico cujas condicionantes foram as doutrinas econômicas de livre mercado. A desigualdade entre Estado e sociedade encontrou nos três momentos a justificativa do princípio da supremacia do interesse público como elemento sancionador das ações do próprio Estado". (FERREIRA, Dirce Nazaré; KROHLING, Aloísio. O princípio da supremacia do interesse público no Estado democrático de direito e sua roupagem neoconstitucionalista. *Revista de Direitos Fundamentais e Democracia*, Curitiba, v. 14, n. 14, p. 482-503, 2013. p. 483). E conclui: "Assim, o princípio da supremacia do interesse público permanece como axioma informador do Direito administrativo desde o Estado

O interesse público adotado como mecanismo justificador das ações do Estado, inclusive de postura desresponsabilizadora por parte de seus administradores – sejam eles administradores públicos, integrantes da Administração direta, autárquica e fundacional, sejam aqueles com mandato estatal eletivo, (societários, igualmente com mandato eletivo ou integrantes da administração direta ou indiretamente) – permanece nos dias atuais como centro legitimador da atuação estatal unilateralizada e abstratamente considerada como prevalente.

A doutrina tradicional[139] liderada por Bandeira de Mello reafirma a supremacia do interesse público como princípio norteador da atividade estatal:

> O princípio da supremacia do interesse público sobre o interesse privado é princípio geral de direito inerente a qualquer Sociedade. É a própria condição de sua existência. Assim, não se radica em dispositivo específico algum da Constituição, ainda que inúmeros aludam ou impliquem manifestações concretas dele, como, por exemplo, os princípios da função social da propriedade, da defesa do consumidor ou do meio ambiente (art. 70, incisos III, V e VI) ou em tantos outros. Afinal, o princípio em causa é pressuposto lógico do convívio social.[140]

Já o neoconstitucionalismo,[141] movimento que dá origem ao Estado Democrático de Direito, repensa a supremacia do interesse público

---

liberal até hoje, e proclama a superioridade do Estado de tal forma que, coercitivamente a ele é concedido poder assimétrico em relação ao particular. O Estado se ergue soberano sobre a vontade privada de seus cidadãos por se entender que a administração pública é guardiã de "interesses coletivos". (FERREIRA, Dirce Nazaré; KROHLING, Aloísio. O princípio da supremacia do interesse público no Estado democrático de direito e sua roupagem neoconstitucionalista. *Revista de Direitos Fundamentais e Democracia*, Curitiba, v. 14, n. 14, p. 482-503, 2013. p. 483).

[139] No mesmo sentido, Bemquerer faz menção ao conceito de interesse público, citando Gasparini(2000, p. 18), segundo o qual no embate entre o interesse público e o particular, o interesse público há de prevalecer. (BEMQUERER, Marcos. *O regime jurídico das empresas estatais após a Emenda Constitucional nº 19/1998*. Belo Horizonte: Fórum, 2012).

[140] BANDEIRA DE MELLO, Celso Antônio. *Curso de direito administrativo*. 17. ed. rev., ampl. e atual. São Paulo: Malheiros, 2004. p. 53.

[141] Neoconstitucionalismo pode ser definido como um movimento que reestrutura o sistema jurídico, ficando a constituição em seu centro, irradiando a todos os ramos as suas prescrições. No sistema neoconstitucional, os direitos fundamentais ganham tamanha relevância que seu reconhecimento prescinde de normatização infraconstitucional. Segundo Ferreira e Krohling, "[o] neoconstitucionalismo avulta uma nova teoria apontando críticas ao exacerbamento do princípio da supremacia de interesse público, demonstrando que sua imperatividade foi adequada ao nascedouro do Direito Administrativo com a teoria da separação de poderes desenvolvida por Montesquieu. Porém, no Estado democrático de direito, mostra-se sem sintonia com a Constituição. Assim, a desconstrução da supremacia do interesse público é tema novo que surge na perspectiva de mitigar a assimetria do Estado em face do cidadão.

sobre o particular na perspectiva de que interesses públicos devem ser condizentes com a vontade da coletividade, mas devem ainda ser obtidos mediante práticas democráticas obtidas através da satisfação de direitos e garantias individuais.

O advento do Estado Democrático de Direito tem origem na Constituição da República Federativa do Brasil de 1988 que, já em seu art. 1º, consagra que a República Federativa do Brasil, formada pela união indissolúvel dos Estados, Municípios e do Distrito Federal, constitui-se em Estado Democrático de Direito e tem como fundamentos de interesse público: a soberania, a cidadania, a dignidade da pessoa humana, os valores sociais do trabalho e da livre iniciativa e o pluralismo político. O princípio democrático encontra-se expressamente ressaltado no parágrafo único do mesmo artigo 1º, segundo o qual "todo poder emana do povo, que o exerce por meio de representantes eleitos ou diretamente, nos termos desta Constituição".

O Estado Democrático de Direito, segundo Nohara,[142] nada mais é que a síntese agregadora do Estado Social com a proposta democrática, tendo em vista refrear a tendência de o Estado atuar de forma impositiva, no seu ímpeto de realização de fins públicos.

Não obstante, a atuação do Estado permanece, em geral, pautada no princípio da supremacia do interesse público, de forma dissonante dos fundamentos insculpidos pela Constituição da República Federativa do Brasil de 1988 e dos demais direitos fundamentais por ela resguardados, já que a Administração Pública, sob o pálio da proteção ao interesse público, continua adotando posições unilaterais que reforçam e ampliam o seu poder hierarquizado e desconsideram que dentre os interesses públicos que devem ser tutelados pelo Estado, encontram-se a dignidade da pessoa humana e os direitos individuais dos cidadãos.

Cabe, ainda, a reflexão de que, se todo o poder emana do povo, em que momento na CF/88 foi conferido ao Estado a responsabilidade pela aplicação suprema dos interesses públicos de forma unilateralizada,

---

Nesse aspecto, se a administração pública reflete a vontade dos cidadãos, o interesse público que lhes é peculiar deveria ser resultante do conjunto de interesses desses indivíduos considerados como membros da sociedade". (FERREIRA, Dirce Nazaré; KROHLING, Aloísio. O princípio da supremacia do interesse público no Estado democrático de direito e sua roupagem neoconstitucionalista. *Revista de Direitos Fundamentais e Democracia*, Curitiba, v. 14, n. 14, p. 482-503, 2013. p. 484).

[142] NOHARA, Irene. Poder econômico e limites jurídicos à captura da concertação social. In: GOMES, Carla Amado, NEVES; BITENCOURT NETO, Eurico (Coord.). *A Prevenção da Corrupção e outros desafios à boa governança da Administração Pública*. Ed. Instituto, de Ciências Jurídico - Políticas – CIP e Centro de Investigação de Direito Público – CIDP, Faculdade de Direito, Universidade de Lisboa, março 2018.

como se toda a sociedade tivesse conferido uma "chancela" prévia acerca das escolhas por ele adotadas?

Nessa seara, o conceito de interesse público e os limites de sua incidência, norteados pelo chamado "princípio da supremacia do interesse público", têm sofrido uma revisão, à luz do Estado Democrático de Direito, seja pela descrença de sua existência enquanto princípio, seja pela sua relativização e necessário sopesamento frente aos direitos fundamentais garantidos constitucionalmente.

Dias, ao analisar a mudança do papel do Estado desde a modernidade até os dias atuais (pós-modernidade), observa:

> (...) o Estado perde seu privilégio de transcendência quando passa a necessitar do auxílio da sociedade na realização de suas funções, e a norma jurídica, dependendo do crivo da legitimidade, não pode mais ser definida como expressão da vontade geral, visto que a lei é formulada segundo um conjunto de relações políticas e sociais contingentes.[143]

A ausência de referência expressa da supremacia do interesse público enquanto princípio no ordenamento jurídico brasileiro seria um dos fundamentos para a não sustentação de sua superioridade. Diante de amplo catálogo de direitos e garantias fundamentais elencados na Constituição brasileira, Ávila[144] afirma que a única regra abstrata de prevalência possível de ser firmada via processo dialético seria aquela em favor dos interesses privados e não dos interesses públicos.

Sarmento[145] contrapõe-se integralmente à existência do interesse público enquanto princípio, seja pela absoluta inadequação com a ordem jurídica brasileira, seja pelos riscos que sua assunção representa para a tutela de direitos fundamentais, considerando que a ordem constitucional brasileira tem como epicentro axiológico o princípio da dignidade da pessoa humana. Outro problema, segundo Sarmento,[146] que

---

[143] DIAS, Maria Tereza Fonseca. *Direito administrativo pós-moderno*: novos paradigmas do direito administrativo a partir do estudo da relação entre o Estado e a sociedade. Belo Horizonte: Mandamentos, 2003. p. 34.

[144] ÁVILA, Humberto. Repensando o "Princípio da Supremacia do Interesse Público Sobre o Particular". *In*: SARMENTO, Daniel (Org.). *Interesses públicos vs. interesses privados*: desconstruindo o princípio de supremacia do interesse público. Rio de Janeiro: Lumen Juris, 2007.

[145] SARMENTO, Daniel. Interesses públicos vs. Interesses privados na perspectiva da Teoria e da Filosofia Constitucional. *In*: SARMENTO, Daniel (org.). *Interesses públicos versus interesses privados*: desconstruindo o princípio da supremacia do interesse público. Rio de Janeiro: Lumen Juris, 2007.

[146] SARMENTO, Daniel. Interesses públicos vs. Interesses privados na perspectiva da Teoria e da Filosofia Constitucional. *In*: SARMENTO, Daniel (org.). *Interesses públicos versus interesses*

agrava a crise do conceito de interesse público, é a sua indeterminação conceitual, em uma Sociedade plural e fragmentada como são as Sociedades contemporâneas, nas quais se torna impossível obter um conceito homogêneo de bem comum ou de vontade geral, o que pode permitir que autoridades públicas o utilizem para as mais arriscadas malversações.

Em oposição ao posicionamento coordenado por Sarmento,[147] Bandeira de Mello[148] afirma que o princípio da supremacia do interesse público sobre o privado é a essência de qualquer Estado, sendo ele que qualifica o princípio da legalidade no Estado de Direito. O autor explica que, por isso, corresponde ao princípio basilar do regime jurídico-administrativo, já que o Direito Administrativo nasce com o Estado de Direito, afinal, é consequência dele.

Borges alerta sobre o desvirtuamento conceitual da supremacia do interesse público, reforçando, no entanto, sua existência enquanto princípio:

> É preciso não confundir a supremacia do interesse público – alicerce das estruturas democráticas, pilar do regime jurídico-administrativo – com as manipulações e desvirtuamentos em prol do autoritarismo retrógrado e reacionário de certas autoridades administrativas. O problema, pois, não é o princípio: é, antes, sua aplicação prática.[149]

Segundo a autora, o autoritarismo de autoridades públicas, no intuito de ratificar decisões unilaterais de interesse individualizado e que, portanto, não reflete o interesse público, não poderia ser classificado como interesse público. O problema, assim, estaria na conceituação do que seja interesse público e não em sua supremacia, intrínseca à natureza do interesse público genuíno.

---

privados: desconstruindo o princípio da supremacia do interesse público. Rio de Janeiro: Lumen Juris, 2007.

[147] SARMENTO, Daniel. Interesses públicos vs. Interesses privados na perspectiva da Teoria e da Filosofia Constitucional. *In*: SARMENTO, Daniel (org.). *Interesses públicos versus interesses privados*: desconstruindo o princípio da supremacia do interesse público. Rio de Janeiro: Lumen Juris, 2007.

[148] BANDEIRA DE MELLO, Celso Antônio. *Curso de direito administrativo*. 17. ed. rev., ampl. e atual. São Paulo: Malheiros, 2004.

[149] BORGES, Alice Gonzáles. Supremacia do interesse público: desconstrução ou reconstrução? *Revista Interesse Público*, Porto Alegre, n. 37, p. 29-48, 2006. p. 30-31.

Osório[150] também reconhece a superioridade do interesse público na ordem constitucional brasileira, já que há em diversas situações na CF/88, tais como restrição de direitos individuais, existência de bens coletivos que exigem proteção estatal, alterações unilaterais de contratos públicos e desapropriação de imóveis particulares em que se retrata a superioridade do interesse público em relação ao privado. Certo é que não se pode ignorar o papel do interesse público no ordenamento jurídico vigente, sendo a supremacia do interesse público ainda o motivo do agir estatal.

O posicionamento adotado no presente estudo acadêmico acerca do conceito de interesse público coaduna-se com aquele desenvolvido por Borges,[151] associado à aplicação do interesse público sob as premissas trazidas pela corrente encabeçada por Bitencourt Neto,[152] de uma Administração Pública concertada, cuja origem remonta as transformações vivenciadas pelo Estado de Direito, na medida em que é superada a separação entre Estado e sociedade (que pressupunha uma relação hierarquizada) para uma situação de comunicação entre Estado e sociedade, ganhando força os meios negociais e formas contratuais.

Segundo Bitencourt Neto,[153] a Administração concertada pressupõe diálogo institucionalizado entre o Poder Público, os particulares e os diversos atores do aparato administrativo. Daí a razão de a concertação administrativa poder ser conceituada como um novo estilo de administrar, participativo, consensual e flexível, funcionando como mecanismo de legitimação direta da atuação da administração pública.

Desse contexto, é importante ressaltar que nem todo interesse dito público deverá prevalecer sobre interesses privados. Contudo, não se nega a possibilidade de sua prevalência incondicional, desde que, no caso concreto, reste evidente a presença do interesse da coletividade que predomina sobre o individual, ambos sempre pautados em direitos

---

[150] OSÓRIO, Fábio Medina. Existe uma supremacia do interesse público sobre o privado no Direito Administrativo brasileiro? *Revista de Direito Administrativo*, n. 220, 2000.

[151] BORGES, Alice Gonzáles. Supremacia do interesse público: desconstrução ou reconstrução? *Revista Interesse Público*, Porto Alegre, n. 37, p. 29-48, 2006.

[152] BITENCOURT NETO, Eurico. A Administração Pública concertada. *In*: GOMES, Carla Amado; NEVES, Ana Fernanda; BITENCOURT NETO, Eurico (Coord.). *A Prevenção da Corrupção e outros desafios à boa governança da Administração Pública*. Ed. Instituto, de Ciências Jurídico - Políticas – CIP e Centro de Investigação de Direito Público – CIDP, Faculdade de Direito, Universidade de Lisboa, 2018.

[153] BITENCOURT NETO, Eurico. A Administração Pública concertada. *In*: GOMES, Carla Amado; NEVES, Ana Fernanda; BITENCOURT NETO, Eurico (Coord.). *A Prevenção da Corrupção e outros desafios à boa governança da Administração Pública*. Ed. Instituto, de Ciências Jurídico - Políticas – CIP e Centro de Investigação de Direito Público – CIDP, Faculdade de Direito, Universidade de Lisboa, 2018.

e garantias fundamentais. Portanto, o interesse público é a razão de ser do Estado, tendo como fim a proteção da segurança, a justiça e o bem-estar social, inerentes a toda a sociedade.[154]

Assim, parte-se da premissa de que a defesa dos direitos e garantias individuais é o centro de todo o ordenamento jurídico no sistema constitucional vigente e, por isso, configura-se como elo entre todos os poderes estatais. Schier[155] expõe que a razão de ser do Estado é, portanto, a satisfação dos direitos e garantias fundamentais que protegem os indivíduos de condutas do Estado que, por vezes, são permeadas por atos de autoritarismo, como se fossem justificadores de satisfação do interesse público.

Segundo lição de Schier, os direitos fundamentais não devem ser compreendidos como "concessões" estatais e que só devem ser aplicados quando não estiverem presentes outros direitos mais "nobres", quais sejam: os públicos. E complementa:

> Ao contrário, os direitos fundamentais "privados" devem integrar a própria noção do que seja o interesse público e este somente se legitima na medida em que nele estejam presentes aqueles. A regra, portanto, é de que não se excluem, pois compõem uma unidade normativa e axiológica.[156]

Segundo Motta,[157] não há exclusividade do Estado na defesa do interesse público, que deve ser compartilhada com a sociedade, tampouco identificação entre interesse público e interesse estatal.

---

[154] O interesse aqui referido se trata do chamado interesse público primário que, na lição de Barroso, é a razão de ser do Estado e sintetiza-se nos fins que cabe a ele promover: justiça, segurança e bem-estar social. Este são interesses de toda a sociedade. (BARROSO, Luís Roberto. *O Estado contemporâneo, os direitos fundamentais e a redefinição da supremacia do interesse público. Interesses públicos versus interesses privados*: desconstruindo o princípio de supremacia do interesse público. Rio de Janeiro: Lumen Juris, 2007).

[155] SCHIER, P. R. Ensaio sobre a supremacia do interesse público sobre o privado e o regime jurídico dos direitos fundamentais. In: SARMENTO, Daniel (Org.). *Interesses públicos versus interesses privados*: desconstruindo o princípio da supremacia do interesse público. Rio de Janeiro: Lumen Juris, 2005. p. 217-246.

[156] SCHIER, P. R. Ensaio sobre a supremacia do interesse público sobre o privado e o regime jurídico dos direitos fundamentais. In: SARMENTO, Daniel (Org.). *Interesses públicos versus interesses privados*: desconstruindo o princípio da supremacia do interesse público. Rio de Janeiro: Lumen Juris, 2005. p. 166.

[157] MOTTA, Fabrício. A gestão de conflitos de interesses como política pública. In: GOMES, Carla Amado; NEVES, Ana Fernanda; BITENCOURT NETO, Eurico (Coord.). *A Prevenção da Corrupção e outros desafios à boa governança da Administração Pública*. Ed. Instituto, de Ciências Jurídico - Políticas – CIP e Centro de Investigação de Direito Público – CIDP, Faculdade de Direito, Universidade de Lisboa, março 2018.

O conceito de interesse público não é construído a partir do Estado, mas sim, da sociedade.

No que concerne especificamente às Sociedades de Economia Mista e o interesse público por ela resguardado, é importante se ter em mente que os interesses privados que nela circundam devem configurar-se como direitos fundamentais respaldados pela ordem constitucional econômica, devendo a Administração Pública apenas a eles sobrepor-se para a satisfação do interesse público primário.[158]

Assim, Alexandrino e Vicente[159] afirmam como evidente que, quando o interesse público é utilizado visando justificar atos voltados ao interesse patrimonial ou a consecução de objetivos internos do Estado, ligados à execução de objetivos vinculados ao seu funcionamento e sujeitos ao inteiro arbítrio do administrador, poder-se-ia pensar na impossibilidade de existência de supremacia do interesse público. No entanto, não configuram, na realidade, interesses públicos, mas interesses individuais que não guardam relação com direitos fundamentais, mas sim com interesses unilateralizados do Estado.

3.3 Interesse econômico

Quanto ao *interesse econômico*, por se tratar de conceito multidisciplinar, recorreu-se a conceitos trazidos pelo direito econômico e empresarial, que guardam relação com o direito administrativo contemporâneo e, por conseguinte, com a realidade das Sociedades de Economia Mista.

A análise do lucro das Sociedades de Economia Mista não objetiva discutir a análise econômica do lucro, entendendo-se a expressão interesse econômico como sendo sinônima de resultados econômicos positivos, superávit positivo. Compreender em que medida o lucro, entendido, portanto, como resultado econômico positivo, deve ser interesse objetivado nas empresas estatais, principalmente nas Sociedades de Economia Mista, e entender a repercussão desta situação nos limites à consecução do interesse público são questões que precisam ser enfrentadas.

---

[158] ALEXANDRINO, Marcelo; PAULO, Vicente. *Direito Administrativo Descomplicado*. 18. ed. rev. e atual. Rio de Janeiro: Forense; São Paulo: Método, 2010.
[159] ALEXANDRINO, Marcelo; PAULO, Vicente. *Direito Administrativo Descomplicado*. 18. ed. rev. e atual. Rio de Janeiro: Forense; São Paulo: Método, 2010.

Segundo Câmara,[160] um dos principais argumentos para que o lucro seja rechaçado como resultado da atividade exercida pela empresa estatal, segundo uma primeira vertente ideológica e moralista, seria a lógica de que os tributos já pagos pela sociedade deveriam ser suficientes para viabilizar custos de acesso a bens e serviços fornecidos pelo Estado. Além disso, o lucro seria resultado estranho e incompatível à atividade estatal.

Outra justificativa de Câmara[161] seria a de que como o lucro entraria no conceito jurídico de interesse público secundário, e como tal não pode ser finalidade perquirida pelo Estado, não seria possível objetivá-lo, mesmo que subsidiariamente, por meio de sua Administração Indireta. Para esses, o Estado não teria razão ou justificativa para querer lucrar. Segundo os ensinamentos do autor supracitado, o resultado econômico positivo seria conduta estranha a uma Sociedade de economia mista que justificar-se-ia como uma espécie de dogma: o Estado não teria sido feito para lucrar, já que o lucro seria um produto da atividade privada. O Estado não teria razão ou justificativa para querer lucrar com suas empresas, uma vez que sua fonte de recursos adviria do poder de tributar e não da prestação de serviços ou fornecimento de bens com o intuito de capitalizar-se.

E, ainda, se a Constituição da República autoriza a atuação do Estado na esfera econômica, não é para a obtenção de lucro, mas para atendimento do interesse público, delineado na segurança nacional ou relevante interesse coletivo. Por isso, o Estado empresário não deveria lucrar, pois, em tais situações, estaria desviando-se de suas metas constitucionais, podendo, ao objetivar o lucro, incorrer em desvio de finalidade.

A outra justificativa, de acordo com Câmara,[162] se fundamenta na premissa segundo a qual há um objetivo primário a ser perseguido pelas empresas estatais, sendo que a perseguição a outro objetivo, qual seja, o lucro, prejudicaria o consumidor, que pagaria preços nos quais estariam embutidos os ganhos com suas atividades. Seria o mesmo que

---

[160] CÂMARA, Jacintho Silveira Dias de Arruda, O lucro nas empresas estatais. *Revista Brasileira de Direito Público – RPDP*, Belo Horizonte, ano 10, n. 37, p. 2-3, 2012. Disponível em: http://www.bidforum.com.br/PDI0006.ASPX?pdiCntd=79745. Acesso em 10 ago. 2018.

[161] CÂMARA, Jacintho Silveira Dias de Arruda, O lucro nas empresas estatais. *Revista Brasileira de Direito Público – RPDP*, Belo Horizonte, ano 10, n. 37, p. 2-3, 2012. Disponível em: http://www.bidforum.com.br/PDI0006.ASPX?pdiCntd=79745. Acesso em 10 ago. 2018.

[162] CÂMARA, Jacintho Silveira Dias de Arruda, O lucro nas empresas estatais. *Revista Brasileira de Direito Público – RPDP*, Belo Horizonte, ano 10, n. 37, p. 2-3, 2012. Disponível em: http://www.bidforum.com.br/PDI0006.ASPX?pdiCntd=79745. Acesso em 10 ago. 2018.

abandonar o interesse público primário e que, portanto, as empresas não deveriam perseguir o lucro, o que configuraria autêntico desvio de finalidade.

Na relutância em se assumir o caráter lucrativo dessas empresas, parece haver entendimento de que a obtenção de lucro e a consecução de interesse público são interesses contrapostos, como se, ao assumir o objetivo de obtenção de rendimentos econômicos positivos, a empresa estatal estivesse renegando o interesse público como sua finalidade maior.

A limitação da atuação das empresas estatais na exploração da atividade econômica, conferida pelo citado art. 173 da CF/88, ao prever que apenas será permitida, quando necessária aos imperativos de segurança nacional ou de relevante interesse coletivo, deixando evidenciada sua atuação subsidiária na ordem econômica nacional e, principalmente, a relevância do interesse público não sendo apenas justificativa para sua criação, mas fundamento para o desempenho dessas empresas.

Nesse sentido, a exploração da atividade econômica nessas empresas deve ser entendida como meio para o Estado alcançar finalidades públicas, o que atribui à empresa estatal uma função instrumental.

Certo é que a rentabilidade a ser alcançada com a atividade empresarial pelo Estado é medida pertinente e aceitável, independentemente do "aparente" regime jurídico da empresa. Os limites à sua incidência e sua convivência com o interesse público é que precisam ser melhor delineados.

Independentemente da publicação da Lei nº 13.303/16, Frazão entende que:

> (...) é importante que se ressalte que nunca foi permitido às empresas estatais desprezar, mitigar ou negligenciar a sua função lucrativa, muito menos para o fim de instrumentalizar a gestão e direcioná-la para outros fins de interesse público que não digam respeito aos fins específicos da lei autorizadora.[163]

Segundo Aragão,[164] quando o Estado opta por realizar objetivos públicos por meio de instrumento empresarial de direito privado e, no

---

[163] FRAZÃO, Ana. Regime societário das empresas públicas e Sociedades de Economia Mista. In: DAL POZZO, Augusto Neves; MARTINS, Ricardo Marcondes (Coord.). *Estatuto Jurídico das Empresas Estatais*. São Paulo: Ed. Contracorrente, 2018. p. 126.

[164] ARAGÃO, Alexandre Santos de. Serviços Públicos e concorrência. *ReDAE – Revista Eletrônica de Direito Administrativo Econômico*, v. 1, 2005.

caso das Sociedades de Economia Mista, em concurso com capitais privados, deve-se entender que a relação entre as duas lógicas (lucratividade e objetivos públicos) não pode ser de prevalência absoluta de uma sobre a outra, mas de equilíbrio. Pode a empresa estatal atuar com o menor lucro institucional ou com resultados que apenas cubram os custos de sua atividade, sem necessariamente obter resultados positivos.

De acordo com Aragão,[165] deve haver, por conseguinte, moderação entre a lógica econômica natural à estatal e os interesses a ela ligados. Contudo, não seria coerente a defesa desmedida de que o lucro não é bem vindo em empresas estatais, pelo simples motivo de que, se assim o fosse, a CF/88 não teria previsto expressamente a intervenção do Estado na atividade econômica por meio de empresas estatais, principalmente por meio de Sociedades de Economia Mista, em que na sua constituição há participação de capital privado, cujos lucros são a finalidade precípua de sua atuação.

Se assim não se considerar, o modelo empresarial criado pelo Estado para o atingimento de finalidades públicas estaria, no mínimo, comprometido em sua escolha enquanto mecanismo de descentralização, criando-se uma figura que mais se assemelharia a uma autarquia ou fundação, entidades nas quais o lucro não integra a sua essência.

Evidentemente que a defesa de retorno financeiro ligado ao exercício de atividades dissociadas do objeto social atrelado à constituição da empresa seria motivo de inconstitucionalidade flagrante, na medida em que o fundamento de relevante interesse coletivo,[166] previsto constitucionalmente, deve servir de limitação à atuação dessas sociedades empresariais no cenário econômico nacional, deixando claro que a obtenção de rendimentos econômicos positivos deve ser medida consequente da observância de seu objeto social, cuja finalidade será o atendimento do interesse público.

Se a constituição de uma empresa estatal não redundar em rentabilidade que se reverta no atingimento da finalidade pública para a qual foi constituída e, por conseguinte, em mais receita para a consecução de novos objetivos voltados ao interesse público, se mostra equivocado o modelo empresarial escolhido pelo Estado.

---

[165] ARAGÃO, Alexandre Santos de. Serviços Públicos e concorrência. *ReDAE – Revista Eletrônica de Direito Administrativo Econômico*, v. 1, 2005.

[166] Considera-se a segurança nacional como conceito inserido na compreensão de "relevante interesse coletivo".

Não por acaso, Santos[167] afirma que é por meio do lucro que o Poder Público e seus eventuais parceiros privados obterão o retorno do capital investido, contribuindo, no caso das empresas estatais, para o atingimento de suas finalidades públicas, cujo equilíbrio ficaria ameaçado por sucessivos resultados deficitários, causando prejuízos ao erário, dificultando novos investimentos e contribuindo para a má qualidade dos serviços públicos prestados por elas (quando prestadoras de serviço público).

Santos ainda complementa:

> Todavia, isso não significa que as empresas estatais devem obedecer à lógica vigente nos empreendimentos privados. Apesar de desejável, o lucro não é o objetivo que anima os empreendimentos estatais. As empresas estatais, como entes integrantes da Administração Pública, existem para atender a interesses públicos. Não pode o Estado instituir ou adquirir empresas apenas como forma de investimento, pois a ele cabe promover o interesse público, o qual será contemplado, primeiramente, pelo próprio exercício da atividade objeto do empreendimento público, bem como pela participação que as empresas estatais podem ter na implementação de políticas públicas.[168]

Rendimentos econômicos positivos são medidas, se não imprescindíveis, necessárias para a manutenção das Sociedades de Economia Mista enquanto entidade da Administração Pública Indireta, sob pena de sua liquidação ou privatização, imprescindíveis, dadas as prioridades do Estado no planejamento e execução de políticas públicas que suplantam enormemente a manutenção de empresas sob o pálio da Administração Pública.

Segundo o parecer de Dallari,[169] para a empresa Southern Electric do Brasil Participações Ltda, acerca do acordo de acionistas celebrado pela Companhia Energética de Minas Gerais (CEMIG) com aquela

---

[167] SANTOS, Flávio Rosendo dos. A influência política na gestão das empresas estatais à luz do direito fundamental à Boa administração e da governança corporativa e pública. 2015. Disponível em: http://repositorio.utfpr.edu.br/jspui/bitstream/1/1592/1/CT_PPGPGP_M_Santos%2C%20Flavio%20Rosendo_2015.pdf. Acesso em 1 dez. 2018.

[168] SANTOS, Flávio Rosendo dos. A influência política na gestão das empresas estatais à luz do direito fundamental à Boa administração e da governança corporativa e pública. 2015. Disponível em: http://repositorio.utfpr.edu.br/jspui/bitstream/1/1592/1/CT_PPGPGP_M_Santos%2C%20Flavio%20Rosendo_2015.pdf. Acesso em 1 dez. 2018.

[169] DALLARI, Adilson Abreu. *Sociedade de economia mista – Sócio Estratégico – Acordo de Acionistas*. 2000. Disponível em: http://bibliotecadigital.fgv.br/ojs/index.php/rda/article/viewFile/47609/45137. Acesso em 14 jan. 2019.

empresa, a ideia disciplinada sobre as relações entre as partes e sua validade jurídica pode ser entendida da seguinte maneira:

> Não é exatamente correta a afirmação da existência de interesses opostos entre o Poder Público e o investidor privado, pois este sabe que a obtenção dos resultados econômicos depende ou tem como meio a realização de interesses públicos, e o Poder Público, por sua vez, sabe que a realização da finalidade pública passa, necessariamente, pela satisfação de interesses privados. Há, portanto, na Sociedade de economia mista, uma necessária e elementar conjugação de interesses, sem a qual não haveria a "afectio societatis", indispensável à formação e manutenção de qualquer entidade associativa.[170]

Nas Sociedades de Economia Mista, é inegável que o interesse econômico é medida a ser alcançada, não apenas por ser intrínseca à atividade empresarial, mas especialmente pela presença de acionistas privados, que possuem interesses individuais respaldados pela ordem constitucional.

3.4 Interesse público e econômico das Sociedades de Economia Mista

Conforme já explicitado, como os interesses privados ou econômicos objetivados pela Sociedade de economia mista integram o rol de garantias fundamentais da ordem econômica resguardados constitucionalmente, deve sempre haver, por parte do Estado, uma postura mediadora para que seja realizada uma ponderação entre os interesses que estão sendo sopesados diante dos objetivos da Sociedade de economia mista.

Portanto, não obstante todos os interesses integrantes da estrutura de uma Sociedade de economia mista serem igualmente públicos, na lição de Hachem,[171] o interesse público deve ser considerado sob dois enfoques: (a) interesses públicos em sentido amplo: interesses dos indivíduos enquanto membros da sociedade na qual estão inseridos, englobando os interesses da coletividade (interesse geral) e os interesses

---

[170] DALLARI, Adilson Abreu. *Sociedade de economia mista – Sócio Estratégico – Acordo de Acionistas*. 2000. Disponível em: http://bibliotecadigital.fgv.br/ojs/index.php/rda/article/viewFile/47609/45137. Acesso em 14 jan. 2019. p. 383.

[171] HACHEM, Daniel Wunder. *Princípio constitucional da supremacia do interesse público*. Belo Horizonte: Ed. Fórum, 2011.

individuais e coletivos (interesses específicos); e (b) interesse público em sentido estrito: interesses da coletividade (interesse geral), a ser identificado no caso concreto, em decorrência de uma competência que lhe tenha sido outorgada expressa ou implicitamente pelo ordenamento jurídico, seja em decorrência de discricionariedade ou de um conceito legal.

Hachem[172] complementa que deve o interesse público em sentido estrito ser o pressuposto de validade da atividade administrativa. E, quando verificado, deve sempre prevalecer sobre os interesses individuais e coletivos específicos (interesses específicos) também protegidos pelo sistema normativo. É necessário, portanto, para a correta delimitação desse interesse no âmbito das Sociedades de Economia Mista, que se tenha em vista todos os direitos fundamentais envolvidos e sua relação com o interesse público a ser defendido no caso concreto.

Evidente será a supremacia do interesse público das Sociedades de Economia Mista quando o interesse que motivou a criação da estatal e os interesses públicos por ela objetivados estiverem conectados. O problema subsiste quando, ao revés, tais interesses são de difícil delimitação, a ponto de não se conseguir distinguir qual interesse público deveria ser resguardado, enquanto finalidade a ser perquirida.

Segundo Marques Neto e Zago,[173] o interesse público se materializa nas empresas estatais pelo cumprimento de seus fins sociais executados por meio de sua estrutura empresarial. Não resta dúvida que o interesse que deve sempre ceder ao interesse público, como sustenta Hachem,[174] é aquele exclusivamente singular, que atende somente ao "indivíduo enquanto tal, desprovido de proteção jurídica. Ele engloba o interesse puro e simples da pessoa (física ou jurídica, de Direito Público ou de Direito Privado), carente de tutela pelo ordenamento jurídico, e os interesses ilícitos.

A CF/88, ao tratar das empresas públicas e Sociedades de Economia Mista em seu capítulo da Ordem Econômica, a despeito de sujeitá-las ao regime próprio das empresas privadas, por se tratarem de entidades criadas pelo Estado e integrantes da Administração Pública Indireta, submetem-se também a normas de direito público, como a

---

[172] HACHEM, Daniel Wunder. *Princípio constitucional da supremacia do interesse público*. Belo Horizonte: Ed. Fórum, 2011.

[173] MARQUES NETO, Floriano; ZAGO, Mariana. Limites à atuação do acionista controlador nas empresas estatais: entre a busca do resultado econômico e a consagração das suas finalidades públicas. *Revista de direito público da economia*, v. 13, n. 49, p. 79-94, 2015.

[174] HACHEM, Daniel Wunder. *Princípio constitucional da supremacia do interesse público*. Belo Horizonte: Ed. Fórum, 2011.

necessária realização de concurso público para a formação de seu quadro próprio de empregados e a obrigatoriedade de procedimento licitatório na aquisição de bens e serviços, conforme artigo 37, incisos II e XXI da CF/88,[175] ocasionando um regime jurídico considerado peculiar.

Essa peculiaridade, na lição de Aragão,[176] se caracteriza pela adoção de um regime jurídico essencialmente privado, mas com inúmeras derrogações de direito público, a maior parte delas, inclusive, de sede constitucional. Quando empresas estatais exercem atividades econômicas de forma subsidiária à atuação da iniciativa privada, com base no *caput* do art. 173 da CF/88, possuem personalidade jurídica de direito privado inerente à sua forma empresarial, não podem ter vantagens distintas das conferidas à iniciativa privada, sob pena de atuarem em concorrência desleal com elas.

Inegável, portanto, que a grande dificuldade, principalmente das Sociedades de Economia Mista, reside na calibragem entre sua natureza empresarial e sua inserção no conceito de Administração Pública Indireta, em que a participação dos investidores privados, como acionistas minoritários, e a consequente necessidade de lucro acabam por acirrar a discussão acerca dos limites do atendimento ao interesse público e ao interesse econômico na gestão dessas companhias.

A sustentação da existência de conflito entre interesses públicos e econômicos, principalmente na gestão das Sociedades de Economia Mista, advém, em certa medida, da concepção de supremacia do interesse público trazida pelo direito administrativo tradicional, que acabou redundando na equivocada compreensão de que interesses públicos e privados são interesses antagônicos e incompatíveis entre si. Ataliba e Gonçalves,[177] ao tratarem sobre o excedente contábil de empresas estatais, defendem que o critério superávit não seria por si só suficiente para avaliar o grau de sucesso do desempenho da atividade pública, que não tem como parâmetro o alcance de lucro. Mais que isso, segundo os autores, o superávit na atividade pública não pode ser finalidade (o Estado se quiser receitas, é obrigado a recorrer aos tributos).

---

[175] BRASIL. Constituição da República Federativa do Brasil de 1988. *Diário Oficial da União*, Brasília, 05 out. 1988. Disponível em: http://www.planalto.gov.br/ccivil_03/constituicao/constituicaocompilado.htm. Acesso em 14 mar. 2018.

[176] ARAGÃO, Alexandre Santos de. *Empresas Estatais*: o regime jurídico das empresas públicas e Sociedades de Economia Mista. São Paulo: Forense, 2017.

[177] ATALIBA, Geraldo; GONÇALVES J. A. Excedente contábil: sua significação nas atividades pública e privada. *Revista Trimestral de Direito Público*, n. 6, p. 279, 1994.

No âmbito do poder judiciário, há diversos julgados do STF[178] sobre a matéria que reforçam o entendimento de que interesses públicos e econômicos seriam naturalmente conflitantes no âmbito das empresas estatais.

O voto vencido proferido pelo Ministro Ayres Brito, no Recurso Extraordinário n° 599.628-DF, em julgado proferido em 2011, exemplifica de forma clara a tendência à compreensão da dispensabilidade do lucro nas empresas estatais:

> Enquanto nas empresas privadas o lucro é o fim e o serviço prestado é o meio, a mercadoria vendida é o meio, a intermediação realizada é meio, a empresa desempenha essas atividades para obter lucro, no âmbito das empresas estatais prestadoras de serviço público o lucro é meio; obtém-se o lucro para prestar o serviço, e o serviço é tão importante que, mesmo que não haja lucro para prestar o serviço, ainda assim ele deve ser prestado. Quer dizer, é completamente diferente.[179]

Não se vislumbra razoabilidade na compreensão de incompatibilidade entre o lucro e a atividade desenvolvida pelas estatais. Esse raciocínio justificaria a ideia de que, como regra, o Estado, ente federativo e controlador da empresa, deveria financiá-la com recursos orçamentários do Tesouro, aceitando-se a premissa de que tais empresas dependem da interferência financeira do Estado para sobreviverem, contrariando, inclusive, a lógica empresarial. Essa lógica compromete também

---

[178] Cite-se, como exemplo, os seguintes julgados do Supremo Tribunal Federal: A imunidade tributária recíproca pode ser estendida a empresas públicas ou Sociedades de Economia Mista prestadoras de serviço público de cunho essencial e exclusivo. Precedente: RE n° 253.472, Rel. Min. Marco Aurélio, Redator para o acórdão Min. Joaquim Barbosa, Pleno, DJe 1°.02.2011. Acerca da natureza do serviço público de saneamento básico, trata-se de compreensão iterativa do Supremo Tribunal Federal ser interesse comum dos entes federativos, vocacionado à formação de monopólio natural, com altos custos operacionais. Precedente: ADI n° 1.842, de relatoria do ministro Luiz Fux e com acórdão redigido pelo Ministro Gilmar Mendes, Tribunal Pleno, DJe 16.09.2013. 3. A empresa estatal presta serviço público de abastecimento de água e tratamento de esgoto, de forma exclusiva, por meio de convênios municipais. Constata-se que a participação privada no quadro societário é irrisória e não há intuito lucrativo. Não há risco ao equilíbrio concorrencial ou à livre iniciativa, pois o tratamento de água e esgoto consiste em regime de monopólio natural e não se comprovou concorrência com outras sociedades empresárias no mercado relevante. Precedentes: ARE-AgR n° 763.000, de relatoria do Ministro Luís Roberto Barroso, Primeira Turma, DJe 30.09.2014 (CESAN); (...). 4. A cobrança de tarifa, isoladamente considerada, não possui aptidão para descaracterizar a regra imunizante prevista no art. 150, VI, "a", da Constituição da República. Precedente: RE-AgR n° 482.814, de relatoria do Ministro Ricardo Lewandowski, Segunda Turma, DJe 14.12.2011. ACO n° 2730 AgR, rel min. Edson Fachin, P, j. 24.3.2017, DJE 66 de 3.4.2017.

[179] RE n° 599.628, 2011.

a execução de atividades essenciais à atuação estatal, como saúde, educação e segurança pública.

Ao contrário, não há qualquer ilegalidade ou imoralidade na possibilidade da empresa estatal ser autossustentável em segmentos específicos, especialmente nas Sociedades de Economia Mista, mesmo que sua finalidade seja pública.

Na realidade, a empresa estatal que possui resultados financeiros positivos encontra-se mais apta a desempenhar suas atividades e sua missão pública com mais eficiência, já que o lucro pode ser utilizado como reinvestimento na expansão e melhoria das atividades desempenhadas, inclusive seus resultados positivos poderiam redundar em maior interesse de investidores e financiamentos privados, sem que o Estado precise comprometer o seu orçamento com reinvestimentos nessas empresas. Nas Sociedades de Economia Mista, fica mais evidente como o lucro funciona como instrumento de captação de recursos para atendimento do interesse público.

Não se pode olvidar que o atendimento do interesse público e os objetivos econômicos da estatal precisam ser equilibrados e adequadamente dimensionados, o que significa afirmar que o resultado positivo de uma Sociedade de economia mista, por exemplo, deve ser aplicado em uma análise imediata, no interesse de seus acionistas privados, com a distribuição de dividendos, decorrência natural do lucro obtido.

Por outro lado, também é intrínseco à existência dessas sociedades que parte do lucro seja aplicado para reinvestimentos, inclusive no atendimento finalístico do interesse público atinente ao seu objeto social, sem que isso represente prejuízos à existência da empresa.

De toda forma, não se pode ignorar que o Estado, ao optar por intervir na atividade econômica por meio de empresas estatais – entendida a expressão "atividade econômica" em sentido *lato*, compreendendo duas espécies: serviço público e atividade econômica,[180] reconhece que,

---

[180] Daí o pressuposto conceitual de Grau, de que "[...] o gênero – atividade econômica – compreende duas espécies: o serviço público e a atividade econômica. Estamos em condições, assim, de superar a ambiguidade que assume, no seio da linguagem jurídica e no bojo do texto constitucional, esta última expressão, de modo que desde logo possamos identificar de uma banda as hipóteses nas quais ela conota gênero, de outra, as hipóteses nas quais ela conota espécie do gênero". (GRAU, Eros Roberto. *A ordem econômica na Constituição de 1988*. 2. ed. São Paulo: Malheiros, 2002, p. 92.)

Ainda, Grau, em sua obra "A Ordem Econômica na Constituição de 1988", explicita a dificuldade em realizar-se a segregação entre os conceitos, demonstrando, inclusive, que descaberia essa separação, na medida em que são conceitos que se entrelaçam, estando a expressão serviço público subsumida à atividade econômica. (GRAU, Eros Roberto. *A ordem econômica na Constituição de 1988*. 2. ed. São Paulo: Malheiros, 2002).

enquanto empresas, essas entidades inevitavelmente almejam o lucro (rendimento econômico) como resultado de sua atuação, mesmo que criadas para o atingimento de finalidade públicas.

Quando a Constituição da República de 1988 admite que a atuação do Estado na economia se dê por meio de empresas estatais, a conclusão lógica seria a de que a atividade empresarial do Estado não é incompatível com a sua atuação enquanto Administração Pública. Ou seja, a busca pelo lucro[181] não é contrária aos interesses estatais, podendo e devendo coexistir de forma equilibrada.

Isso significa dizer que a defesa da supremacia do interesse público, enquanto princípio constitucionalmente protegido, precisa ser analisada, não sob uma compreensão de incidência ilimitada e apriorística, mas sob pena de anulação dos interesses econômicos que integram a estrutura dessas sociedades. Contudo, não se pode ignorar sua supremacia no contexto de interesses públicos voltados ao atendimento da coletividade, sob a perspectiva de uma administração concertada em que o diálogo é requisito legitimador da atuação estatal.

Por isso, há necessidade de se definir o interesse público a ser protegido de acordo com o caso concreto e diante da relevância dos demais interesses envolvidos, sob pena de, em assim não fazendo, protegerem-se interesses ditos "públicos" que tenham, na verdade, conotação individual.

Não se nega a possibilidade da prevalência constante e sem exceções do interesse público verificado no caso concreto, desde que coincidente com os interesses da coletividade e em conformidade com o objeto social da empresa e com sua finalidade pública enquanto empresa estatal.

Segundo a perspectiva defendida por Ávila,[182] a supremacia do interesse público sobre o privado apenas poderia subsistir tendo

---

[181] Neste trabalho, a palavra lucro deve ser interpretada na visão adotada por Câmara: "A expressão lucro será aqui tomada como resultado positivo no balanço financeiro de entidade empresarial. Adotarei, portanto, uma noção ampla e comum da palavra, que busca simplesmente designar a sobra financeira obtida da comparação entre receitas e despesas da empresa num dado período. (...) Também será desconsiderada a mera variação terminológica que alguns propõem para designar o resultado econômico-financeiro positivo das empresas estatais. (CÂMARA, Jacintho Silveira Dias de Arruda, O lucro nas empresas estatais. *Revista Brasileira de Direito Público – RPDP*, Belo Horizonte, ano 10, n. 37, p. 2-3, 2012. Disponível em: http://www.bidforum.com.br/PDI0006.ASPX?pdiCntd=79745. Acesso em 10 ago. 2018).

[182] ÁVILA, Humberto. Repensando o "Princípio da Supremacia do Interesse Público Sobre o Particular". *In*: SARMENTO, Daniel (Org.). *Interesses públicos vs. interesses privados*: desconstruindo o princípio de supremacia do interesse público. Rio de Janeiro: Lumen Juris, 2007.

por base uma medida de concretização. Esta, por sua vez, é definida "a priori e não a posteriori", em favor do interesse público, possuindo abstrata prioridade e, principalmente, sendo independente dos interesses privados correlacionados.

Ainda, de forma precisa, Oliveira e Oliveira[183] afirmam que não há supremacia *a priori* ou abstrata. O interesse público não predomina sobre todo o interesse privado em qualquer situação. O interesse público pode também estar na satisfação de determinados interesses privados, não diversos dos interesses do todo. Daí porque se revela artificial e despida de fundamento normativo, tanto o exagero, quanto a supremacia apriorística do interesse público, quanto a contraposição propositalmente acentuada entre interesse público e privado.

A compreensão da expressão interesse público entendido como conceito jurídico indeterminado, portanto, abstratamente considerado, acaba por propiciar sua incidência enquanto medida justificadora de interesses públicos diversos e dissonantes da finalidade pública prevista legalmente quando da autorização para a criação da empresa estatal. A depender da discricionariedade capaz de justificar a interferência do Estado nas empresas estatais, torna-se errônea e desvirtuada a definição do interesse público, uma vez que não encontra amparo nos direitos fundamentais e, portanto, afronta o Estado Democrático de Direito.

Portanto, Oliveira e Oliveira[184] consideram necessário o enfrentamento do conceito de interesse público, percebido classicamente e por excelência como conceito jurídico indeterminado. Caso se entenda o interesse público como concretamente assegurador dos direitos fundamentais e o interesse privado encampado, como deve ser, pelo interesse público, ou não haverá rigorosamente interesse privado (juridicamente protegido) ou, se existe, o interesse público vai mesmo predominar.

Nesse sentido, os supracitados autores, ao mencionarem a obra do ministro do STF, Luiz Roberto Barroso, Interesses públicos *versus* Interesses privados, concluem que:

> Entendendo o interesse público como a englobar o interesse privado, Luiz Roberto Barroso cogita de conflito entre dois interesses primários,

---

[183] OLIVEIRA Fábio Côrrea Souza; OLIVEIRA, Larissa Pinha de. Uma análise da tese desconstrutivista da supremacia do interesse público sobre o particular. *Em tempo*, Marília, v. 13, 2014.

[184] OLIVEIRA Fábio Côrrea Souza; OLIVEIRA, Larissa Pinha de. Uma análise da tese desconstrutivista da supremacia do interesse público sobre o particular. *Em tempo*, Marília, v. 13, 2014.

um concernente a uma meta coletiva e outro traduzido como direito fundamental, sendo certo que o ministro do STF vem referenciar nomeadamente direitos individuais (cita liberdade de expressão e de propriedade). Assim, ao invés de colisão entre interesse público e interesse particular, estar-se-ia diante da antinomia entre dois interesses públicos. Significa dizer que, no melhor sentido, não haveria conflito entre interesse público e privado, sempre quando este último se revelar como interesse tutelado, isto é, o interesse privado estaria desde logo incorporado pelo interesse público.[185]

Especificamente no que diz respeito às Sociedades de Economia Mista, o interesse público é expressão que fundamenta a autorização de criação dessas entidades da Administração Pública Indireta. A regra do art. 37, XIX[186] da CF/88 estabelece que apenas por lei específica, poderá ser autorizada a criação de Sociedades de Economia Mista e empresa pública. E, de forma cumulativa, tem-se o art. 173 da CF/88 que autoriza a exploração econômica por essas entidades, desde que demonstrado relevante interesse coletivo ou imperativo de segurança nacional que fundamente a intervenção.

O que se está a defender é a necessária ponderação entre os interesses envolvidos nessas sociedades, para que, diante do fato concreto, se avalie se o interesse privado (econômico) configura-se como direito fundamental a ser contraposto ao interesse público, entendido também como direito constitucionalmente resguardado. O interesse público que justificar a atuação da empresa na obtenção de interesses da coletividade, portanto, sempre prevalecerá sobre os demais interesses, sem que isso necessariamente pressuponha sua anulação, por se tratarem igualmente de interesses ilegítimos. Apesar de, hipoteticamente, essa afirmação ser verdadeira, no caso de Sociedades de Economia Mista, sua complexidade leva a um raciocínio mais minucioso.

---

[185] OLIVEIRA Fábio Côrrea Souza; OLIVEIRA, Larissa Pinha de. Uma análise da tese desconstrutivista da supremacia do interesse público sobre o particular. *Em tempo*, Marília, v. 13, 2014. p. 15.

[186] Art. 37: A administração pública direta e indireta de qualquer dos Poderes da União, dos Estados, do Distrito Federal e dos Municípios obedecerá aos princípios de legalidade, impessoalidade, moralidade, publicidade e eficiência e, também, ao seguinte: [...] XIX – somente por lei específica poderá ser criada autarquia e autorizada a instituição de empresa pública, de Sociedade de economia mista e de fundação, cabendo à lei complementar, neste último caso, definir as áreas de sua atuação. (BRASIL. Constituição da República Federativa do Brasil de 1988. *Diário Oficial da União*, Brasília, 05 out. 1988. Disponível em: http://www.planalto.gov.br/ccivil_03/constituicao/constituicaocompilado.htm. Acesso em 14 mar. 2018).

Se, por exemplo, determinada Sociedade de economia mista cujo objeto é o fornecimento de energia elétrica, e que deverá, em atendimento ao interesse público previsto em sua lei autorizadora, levar energia elétrica para regiões carentes e o acionista controlador estabelecer que todos os lares da região norte de Minas Gerais deverão receber, até o final de 2019, energia elétrica, então, deverão ser realizadas algumas ponderações.

A primeira é, se tal decisão repercutirá de forma negativa nos resultados da Companhia, dada a amplitude do projeto ou a falta de planejamento adequado e análise econômica financeira apropriada para sua concretização. Ainda, se as receitas da companhia serão suficientes para fazer frente às despesas e, ainda, se para a execução do projeto, considerou-se o interesse econômico envolvido, estabelecendo-se, por exemplo, um planejamento que demonstre que para o atendimento do interesse público, sem riscos à saúde financeira da empresa, deverão ser observados prazos mais elastecidos para o seu cumprimento, ou ainda, retornos econômicos advindos de outros negócios da companhia que possam fazer frente a despesas que a priori não se traduzam em resultados econômicos positivos. Essas constatações reforçam a ideia da impossibilidade de se considerar o interesse público como ilimitado e incondicionado.

Conforme bem acentua Schirato,[187] o exercício do poder de controle pelo Estado nas empresas estatais e, portanto, o exercício do interesse público sendo ilimitado, implicaria aceitar, sob o pretexto da proteção e da tutela de interesse público genericamente considerado, que ao Estado é autorizado lesar interesses públicos dotados de inegável legitimidade, como os interesses coletivos daqueles que participam como investidores das empresas estatais.

Mais complexa ainda é a situação de empresas que desempenham atividades híbridas, em que se mostra ainda mais difícil a definição da natureza das atividades desempenhadas, já que não são claramente exploradoras de atividade econômica, nem prestadoras de serviço público, mas, entendidas como atividades que são meio para o desempenho de atividades de interesse público, a serem desempenhadas pela Administração Pública. Seria o caso, por exemplo, de empresas de tecnologia da informação que desempenham atividades que propiciam a consecução não imediata e finalística de funções públicas.

---

[187] SCHIRATO, Vitor Rhein. *As empresas estatais no direito administrativo econômico atual*. São Paulo: Saraiva, 2016.

Nesses casos, em que empresas são constituídas para desempenharem atividades meio, a verificação do interesse público muitas vezes se mistura de forma menos evidente com interesses do Governo, não necessariamente atrelados a interesses da coletividade, mas sim, voltados ao funcionamento da "máquina estatal". Nesse contexto, quais seriam os limites da ingerência do controle societário na realização de funções públicas por meio de Sociedades de Economia Mista?

Na ânsia de melhor delimitar os limites da aplicação do interesse público e privado nessas sociedades e demonstrar a finalidade da atuação dessas empresas na Administração Pública, a nova Lei das Estatais, em seu art. 2º,[188] conjuga ambos os dispositivos constitucionais ao estabelecer que a exploração da atividade econômica pelo Estado, será exercida por meio de empresa pública, de Sociedades de Economia Mista e de suas subsidiárias, estabelecendo ainda, em seu §1º, a necessidade de que, junto à lei que autoriza a sua criação, haja indicação expressa do relevante interesse coletivo ou imperativo de segurança nacional que justifique a sua atuação junto ao mercado.

Certo é que a rentabilidade a ser alcançada com a atividade empresarial pelo Estado é medida pertinente e aceitável, independentemente do "aparente" regime jurídico da empresa. Os limites à sua incidência e sua convivência com o interesse público é que precisam ser melhor delineados.

A discussão acerca do paradigma da existência de "conflito" entre o interesse econômico e o interesse público, especialmente das Sociedades de Economia Mista, deve ser revisto. A "coexistência" entre interesse público e econômico é intrínseco à natureza dessas Sociedades e, por isso, não deveriam ser vistos como contrapostos, já que são integrantes de sua essência.

Assim, ao contrário do que se imagina, a análise da incidência do interesse público objetivado deve ser avaliada sob o enfoque do sopesamento entre direitos fundamentais. Ou ainda, a restrição a direitos fundamentais deve estar pautada em outros interesses constitucionais relevantes, como o interesse de coletividade, a ser identificado no caso concreto, conforme recomenda Motta.[189] Em seu artigo "A gestão dos

---

[188] Art. 2º: A exploração da atividade econômica pelo Estado será exercida por meio de empresa pública, de Sociedade de economia mista e de suas subsidiárias. §1º A constituição de empresa pública ou de Sociedade de economia mista dependerá de prévia autorização legal que indique, de forma clara, relevante interesse coletivo ou imperativo de segurança nacional, nos termos do caput do art. 173 da Constituição Federal.

[189] MOTTA, Fabrício. A gestão de conflitos de interesses como política pública. *In*: GOMES, Carla Amado; NEVES, Ana Fernanda; BITENCOURT NETO, Eurico (Coord.). *A Prevenção da*

conflitos de interesses como política pública", o autor explica que o interesse público concreto é o resultado da interação entre autoridades públicas e cidadãos e, no caso das Sociedades de Economia Mista, encontra- se representado pelos acionistas minoritários, detentores de interesses individuais constitucionalmente resguardados.

Há entendimento diverso, defendido por Ávila,[190] de que a supremacia do interesse público sobre o privado apenas poderia subsistir tendo por base uma medida de concretização, a primazia estabelecida "a priori e não ex post", em favor do interesse público, que possui abstrata prioridade e é principalmente independente dos interesses privados correlacionados.

Ainda, de forma precisa e aderente ao entendimento ao qual este trabalho se filia, explicitado por Ávila,[191] não há supremacia *a priori* ou abstrata. O interesse público não predomina sobre todo o interesse privado em qualquer situação. O interesse público pode também estar na satisfação de determinados interesses privados, não diversos dos interesses do todo.

A existência do princípio da supremacia do interesse público traduz a ideia discutida no Direito Administrativo correlacionando às condutas dos agentes que envolvem o conflito de interesses, defendendo, majoritariamente, que se deve prevalecer o interesse público, ou seja, aquele que acende um número maior de pessoas. A referida ideia foi defendida sob uma visão crítica de que, apesar da existência do princípio da supremacia do interesse público, a sua aplicação deve ser conduzida de forma limitada, pois que os direitos individuais também merecem ser observados, avaliando-se, no caso concreto, se a discussão envolve interesses públicos.

Compreende-se, dessa maneira, que o interesse público, legitimamente considerado, ocupa posição especial de maior importância e, em decorrência disso, é que a Administração Pública é posta em nível de superioridade quando comparada aos particulares, especialmente

---

Corrupção e outros desafios à boa governança da Administração Pública. Ed. Instituto, de Ciências Jurídico - Políticas – CIP e Centro de Investigação de Direito Público – CIDP, Faculdade de Direito, Universidade de Lisboa, março 2018.

[190] ÁVILA, Humberto. Repensando o "Princípio da Supremacia do Interesse Público Sobre o Particular". In: SARMENTO, Daniel (Org.). *Interesses públicos vs. interesses privados*: desconstruindo o princípio de supremacia do interesse público. Rio de Janeiro: Lumen Juris, 2007.

[191] ÁVILA, Humberto. Repensando o "Princípio da Supremacia do Interesse Público Sobre o Particular". In: SARMENTO, Daniel (Org.). *Interesses públicos vs. interesses privados*: desconstruindo o princípio de supremacia do interesse público. Rio de Janeiro: Lumen Juris, 2007.

nos direcionamentos de verticalidade, de modo que se possa alcançar a eficácia e a realização dos interesses da coletividade.

3.5 Relevante Interesse coletivo como premissa para atuação das Sociedades de Economia Mista

Conforme já explicitado neste estudo, toda atividade estatal na economia por meio de empresas integrantes de sua Administração Indireta deve estar voltada à consecução do interesse público. Tanto é assim que a participação do Estado na exploração da atividade econômica, esfera eminentemente atrelada à iniciativa privada, como regra, não é permitida, haja vista o já citado art. 173 da CF/88.[192]

Contudo, ainda que a finalidade precípua seja o alcance do interesse público, quando o poder público decide intervir na economia em regime concorrencial com os particulares, em observância ao fundamento da livre iniciativa previsto em seu art. 1º, IV da CF/88[193] e da ordem econômica (art. 170, parágrafo único), a sua exploração direta na economia deve acontecer quando estiver alicerçada na ocorrência de relevante interesse coletivo que a motive, conforme disposto no art. 173 da CF/1988.[194]

Segundo Aragão,[195] não é a atividade econômica em si que precisa ser de "relevante interesse coletivo", mas sim, a atuação do Estado nela. Significa dizer que é necessário que o Estado atue nas companhias de forma a realizar atividades econômicas voltadas ao seu objeto social, que deve ser de interesse coletivo a ponto de fundamentar a exploração econômica.

A definição do interesse coletivo constitucional é, sem dúvida, uma das chaves para a compreensão dos interesses que circundam uma Sociedade de economia mista, já que se constitui como fundamento constitucional limitador da intervenção estatal na economia. Contudo,

---

[192] BRASIL. Constituição da República Federativa do Brasil de 1988. *Diário Oficial da União*, Brasília, 05 out. 1988. Disponível em: http://www.planalto.gov.br/ccivil_03/constituicao/constituicaocompilado.htm. Acesso em 14 mar. 2018.

[193] BRASIL. Constituição da República Federativa do Brasil de 1988. *Diário Oficial da União*, Brasília, 05 out. 1988. Disponível em: http://www.planalto.gov.br/ccivil_03/constituicao/constituicaocompilado.htm. Acesso em 14 mar. 2018.

[194] BRASIL. Constituição da República Federativa do Brasil de 1988. *Diário Oficial da União*, Brasília, 05 out. 1988. Disponível em: http://www.planalto.gov.br/ccivil_03/constituicao/constituicaocompilado.htm. Acesso em 14 mar. 2018.

[195] ARAGÃO, Alexandre Santos de. *Empresas Estatais*: o regime jurídico das empresas públicas e Sociedades de Economia Mista. São Paulo: Forense, 2017.

Pontes[196] explica que, apesar de suficientemente clara e contundente a limitação no texto constitucional, é tarefa árdua a conceituação da expressão constitucional "relevante interesse coletivo", e, talvez por isso, pouco explorada em seu importante papel limitador.

Por vezes, interesse público e interesse coletivo são interpretados como sinônimos, o que de fato é equivocado. O interesse coletivo é aquele que pertence a um grupo, a uma classe de pessoas. Segundo Bastos,[197] os interesses coletivos se referem ao homem socialmente vinculado e não àquele isoladamente considerado. O homem não é considerado como pessoa física individualmente, mas sim, como membro de grupos autônomos e juridicamente definidos, como, por exemplo, o associado de um sindicato, o membro de sua família, o profissional vinculado a uma corporação, o acionista de uma grande Sociedade anônima, o condômino de um edifício de apartamentos.

No contexto do art. 173 da CF/88,[198] o relevante interesse coletivo, na lição de Pontes,[199] é o único meio que autoriza o Estado a intervir na economia como forma de garantir o interesse de um grupo específico que não está sendo atendido pela iniciativa privada.

É importante que se explicite que o relevante interesse coletivo é instrumento que limita e legitima a atuação da empresa estatal, mas que não deve ser interpretado como sinônimo de interesse público, sendo, na verdade, instrumento para sua concretização. Isso, na medida em que, por meio de sua atuação voltada a determinado objeto que justifica a criação da estatal, obtêm-se resultados que se traduzem em interesses públicos aplicáveis a uma coletividade indeterminada, o interesse coletivo é o meio para a concretização do interesse público, que é o fim.

Assim, o relevante interesse coletivo é fundamento que justifica a constituição da Sociedade de Economia Mista, por exemplo, determinada empresa estatal constituída para prestar serviço de saneamento básico em todas as regiões de Minas Gerais. O relevante interesse coletivo é a prestação de saneamento básico nas diferentes regiões do Estado, e o

---

[196] PONTES, E. F. Os interesses jurídicos nas sociedades de economia mista. In: NORONHA, J. O. de; FRAZÃO, A; MESQUITA, D. A. (Coord.) *Estatuto Jurídico das Estatais - Análise da Lei 13.303/2016*. Belo Horizonte: Editora Fórum, 2017.

[197] BASTOS, Celso Ribeiro. A tutela dos interesses difusos no direito constitucional brasileiro. *Revista do serviço público*, Belo Horizonte, v. 39, n. 2, 1982.

[198] BRASIL. Constituição da República Federativa do Brasil de 1988. *Diário Oficial da União*, Brasília, 05 out. 1988. Disponível em: http://www.planalto.gov.br/ccivil_03/constituicao/constituicaocompilado.htm. Acesso em 14 mar. 2018.

[199] PONTES, E. F. Os interesses jurídicos nas sociedades de economia mista. In: NORONHA, J. O. de; FRAZÃO, A; MESQUITA, D. A. (Coord.) *Estatuto Jurídico das Estatais - Análise da Lei 13.303/2016*. Belo Horizonte: Editora Fórum, 2017.

interesse público, consequência a ser obtida por meio da execução do interesse coletivo suscitado, seria a garantia de redução das desigualdades regionais por meio de saneamento básico prestado com a mesma qualidade e excelência.

Portanto, as Sociedades de Economia Mista devem ter interesse coletivo (imediato) bem delimitado, de forma que seja possível mensurá-lo objetivamente, visando atendimento a um interesse público (remoto), destinatário final da atividade desenvolvida pela Sociedade.

Pontes[200] descreve que, caso não haja mais interesse coletivo que justifique a manutenção da Sociedade de Economia Mista, como por exemplo, em razão do desaparecimento da desigualdade regional que se buscava estancar ou em decorrência da atividade desenvolvida, possuindo a empresa concorrentes no mercado que ofereçam melhores condições de prestação do serviço à mesma coletividade interessada, configura um cenário em que as Sociedades de Economia Mista perderiam a razão de existir.

A disputa de mercado por Sociedades de Economia Mista, mesmo que realizada em conformidade com os princípios constitucionais da livre iniciativa e da livre concorrência, possui limitações outras, aqui já explicitadas, que, se não observadas, tornam o seu exercício inconstitucional. Por isso, atividades que não se confirmem em interesses públicos transformam tacitamente a empresa em privada.

Importante salientar que, Sociedades de Economia Mista, principalmente aquelas que executam atividades híbridas – cuja conceituação prévia como serviço público ou atividade econômica é difícil – como forma de buscar ampliar suas fontes de receita, especialmente aquelas empresas criadas para atender interesses coletivos específicos do Ente Federativo, para ampliar o seu público-alvo direto, adentram na atividade concorrencial em atividades ligadas ao seu objeto social, mas que não redundam em necessário interesse público que justifique sua a intervenção.

Ao contrário, passam a atuar em mercado eminentemente privado, com interesses que circundam interesses individualmente considerados, no intuito flagrante de aumentar suas receitas, porém, não resultam em atendimento a um interesse público que as justificaria enquanto entidades da Administração Pública Indireta.

---

[200] PONTES, E. F. Os interesses jurídicos nas sociedades de economia mista. *In*: NORONHA, J. O. de; FRAZÃO, A; MESQUITA, D. A. (Coord.) *Estatuto Jurídico das Estatais - Análise da Lei 13.303/2016*. Belo Horizonte: Editora Fórum, 2017.

Trata-se de questão complexa, contudo, pouco ou nada confrontada na prática, seja pela ausência de interesse de aplicação pela Administração Pública, seja pela limitação constitucional à atuação dessas sociedades, trazida pelo art. 173 da CF/88,[201] ou ainda, pela subjetividade que permeia o desempenho de suas atividades, o que torna o seu enfrentamento uma tarefa por vezes conflituosa.

Contudo, tal questão é de extrema importância para a discussão sobre o papel das Sociedades de Economia Mista e seu dito "conflito" entre interesse público e interesse econômico. Quando se discute o suposto "conflito" entre os interesses econômico e público na atuação dessas companhias, a premissa para a adequada delimitação da amplitude desses interesses na Sociedades de Economia Mista é a análise da expressão relevante interesse coletivo, fundamento constitucional para a sua criação e a finalidade pública com ele obtido, para, a partir daí, ser possível equacionar os interesses nela dispostos.

Por isso, a Lei nº 13.303/16,[202] ao regulamentar o §1º do art. 173 da CRFB/88,[203] confere oportunidade ao legislador que, por meio de um estatuto jurídico aplicável a todas as empresas estatais, deixar mais evidentes os limites e objetivos a serem alcançados na atuação dessas sociedades, inclusive, com a maior objetividade da expressão na Lei.

Importante destacar que a objetivação da finalidade pública conferida pela Lei a ser alcançada com a execução das atividades de relevante interesse coletivo previstas pela lei, que autoriza a criação das Sociedades de Economia Mista, acaba por favorecer a compreensão de que se tratam de conceitos que se entrelaçam e são interdependentes.

A nova Lei das Estatais, em seu art. 2º,[204] reforça a importância do interesse coletivo previsto no art. 173 da CF/88, ao estabelecer que

---

[201] BRASIL. Constituição da República Federativa do Brasil de 1988. *Diário Oficial da União*, Brasília, 05 out. 1988. Disponível em: http://www.planalto.gov.br/ccivil_03/constituicao/constituicaocompilado.htm. Acesso em 14 mar. 2018.

[202] BRASIL. Lei nº 13.303, de 30 de junho de 2016. Dispõe sobre o estatuto jurídico da empresa pública, da Sociedade de economia mista e de suas subsidiárias, no âmbito da União, dos Estados, do Distrito Federal e dos Municípios. *Diário Oficial da União*, Brasília, 01 jul. 2016. Disponível em: www.planalto.gov.br/ccivil_03/_Ato2015-2018/2016/Lei/L13303.htm. Acesso em 14 mar. 2018.

[203] BRASIL. Constituição da República Federativa do Brasil de 1988. *Diário Oficial da União*, Brasília, 05 out. 1988. Disponível em: http://www.planalto.gov.br/ccivil_03/constituicao/constituicaocompilado.htm. Acesso em 14 mar. 2018.

[204] BRASIL. Lei das Estatais. Art. 2º: A exploração da atividade econômica pelo Estado será exercida por meio de empresa pública, de Sociedade de economia mista e de suas subsidiárias. §1º A constituição de empresa pública ou de Sociedade de economia mista dependerá de prévia autorização legal que indique, de forma clara, relevante interesse coletivo ou imperativo de segurança nacional, nos termos do caput do art. 173 da Constituição Federal.

a exploração da atividade econômica pelo Estado será exercida por meio de empresa pública, de Sociedades de Economia Mista e de suas subsidiárias. Estabelece, ainda, em seu §1º, a necessidade de que, junto à lei que autoriza a sua criação, haja indicação expressa do relevante interesse coletivo ou imperativo de segurança nacional que justifique a sua atuação junto ao mercado, deixando claro que há limitações que precisam ser observadas pelas empresas estatais, especialmente as Sociedades de Economia Mista em sua atuação.

Considerando os eixos teóricos e doutrinários expostos sobre a objetivação da finalidade pública e o entendimento dos conceitos trazidos pela Lei das Estatais no que concerne a importância do interesse coletivo e a exploração da atividade econômica pelo Estado, o capítulo seguinte aborda os instrumentos jurídicos que parametrizam a governança corporativa com mecanismos de controle da atividade empresarial, transparência na gestão e novos regramentos de licitação e contratos.

(BRASIL. Lei nº 13.303, de 30 de junho de 2016. Dispõe sobre o estatuto jurídico da empresa pública, da Sociedade de economia mista e de suas subsidiárias, no âmbito da União, dos Estados, do Distrito Federal e dos Municípios. *Diário Oficial da União*, Brasília, 01 jul. 2016. Disponível em: www.planalto.gov.br/ccivil_03/_Ato2015-2018/2016/Lei/L13303.htm. Acesso em 14 mar. 2018).

CAPÍTULO 4

MECANISMOS DA LEI Nº 13.303/16 E IMPLEMENTAÇÃO DOS INTERESSES PÚBLICOS E ECONÔMICOS DAS SOCIEDADES DE ECONOMIA MISTA

Pereira Junior et al[205] relatam que a Lei nº 13.303/16 trouxe um manancial de ferramentas jurídicas, visando fixar parâmetros de governança corporativa com mecanismos de controle da atividade empresarial, transparência na gestão e novos regramentos de licitação e contratos.

É necessário, para além da finalidade imediata de conferir às Sociedades de Economia Mista uma gestão mais eficiente e profissionalizada, avaliar em que medida essas ferramentas, criadas pela Lei nº 13.303/16, são capazes de, ao mesmo tempo, contribuírem para a proteção do interesse público, objetivo finalístico das Sociedades de Economia Mista e reforço a sua autonomia, equilibrando os interesses públicos e econômicos coexistentes nessas sociedades empresarias.

Torna-se importante, portanto, que se pondere se os mecanismos trazidos pela Lei apenas reforçam a necessária obtenção de resultados econômico-financeiros que garantam a sua sustentabilidade, ou se há, por meio da implantação desses mecanismos, correspondente fortalecimento do interesse público, enquanto finalidade última da criação e manutenção dessas entidades como entidades integrantes da Administração Pública Indireta.

---

[205] PEREIRA JÚNIOR, Jessé Torres et al. *Comentários à Lei das Empresas Estatais*: Lei nº 13.303/16. Belo Horizonte: Fórum, 2018.

4.1 Governança corporativa

Segundo o Instituto Brasileiro de Governança Corporativa (IBGC), a governança corporativa pode ser definida como:

> (...) sistema que assegura aos sócios proprietários o governo estratégico da empresa e a efetiva monitoração da diretoria executiva. A relação entre propriedade e gestão se dá por meio do conselho de administração, da auditoria independente e do conselho fiscal, instrumentos fundamentais para o exercício do controle. A boa governança assegura aos sócios equidade, transparência, responsabilidade pelos resultados (accountability) e obediência às leis do país (Compliance).[206]

Segundo Warde Júnior,[207] a governança corporativa teve origem no governo Roosevelt, por meio de um modelo de ampla discricionariedade criado para os administradores *(managerialist model)*, através do qual eram transferidos muitos poderes do controlador para o administrador. Não por acaso esse modelo foi o responsável pelo aparecimento da moderna companhia sem controlador e de um ambiente de ampliação da dispersão acionária nos Estados Unidos.

O termo governança se difundiu por diversas disciplinas a ponto de, de acordo com Miranda e Amaral,[208] poder ser considerado, inclusive, um conceito multidisciplinar, daí a dificuldade de sua definição exata, que mesmo com sua popularização não foi acompanhada por uma maior clareza de significado. Ainda que seja um conceito com múltiplas interpretações, observa-se o predomínio de abordagens cuja proposta é discutir e propor políticas para a gestão de conflitos entre administradores e acionistas (proprietários).

Na visão de Fortini e Shermam,[209] a governança corporativa é empregada para superar o denominado "problema de agência", entendido como o conflito existente entre os interesses dos acionistas

---

[206] INSTITUTO BRASILEIRO DE GOVERNANÇA PÚBLICA – IBGP. *O que é Governança Pública ou Governança Corporativa no setor público?* Disponível em: https://forum.ibgp.net.br/conceitos-de-governanca-no-setor-publico/. Acesso em 02 jan. 2019.

[207] WARDE JÚNIOR, Walfrido. *Falta legitimidade à reforma política – DCI*. Warde Advogados, 2018. Disponível em: warde.com.br/falta-legitimidade-reforma-politica-dci/. Acesso em 13 dez. 2018.

[208] MIRANDA, Rubens Augusto de; AMARAL, Hudson Fernandes. Governança corporativa e gestão social responsável em empresas estatais. *Revista de Administração Pública*, Rio de Janeiro, v. 45, p. 1069-1094, 2011.

[209] FORTINI, Cristiana; SHERMAM, Ariane. Governança Corporativa e medidas preventivas contra a corrupção na Administração Pública: um enfoque à luz da Lei nº 13.303/2016. *Revista de Direito da Administração Pública*, Universidade Federal Fluminense, 2016.

e administradores ou entre acionistas controladores e acionistas minoritários, a depender do grau de pulverização da propriedade da companhia. Envolve, ainda, a relação da empresa com terceiros interessados (*stakeholders*), fornecedores, consumidores, contratantes de modo geral, entre outros.

Uma definição mais completa de governança corporativa foi apresentada por Amaral, segundo o qual a governança consistiria em políticas e práticas voltadas a propiciar:

> (...) maior transparência, estabelecer mecanismos de controle, estimular e garantir a atuação ética dos envolvidos, minimizar potenciais conflitos, agir em conformidade com as regras (internas e externas), enfim, aumentar a confiabilidade da companhia no mercado, mediante a valorização da empresa e a proteção das partes interessadas (stakeholders), dos investidores, dos empregados, do mercado e dos credores.[210]

De acordo com Warde Júnior,[211] a tarefa da governança corporativa é distribuir o poder no âmbito de uma organização empresarial para que prevaleçam interesses homogêneos de todos os sócios. Contudo, entre as empresas estatais, a preponderância do interesse público é um imperativo legal e, em hipótese alguma, as boas condutas de governança corporativa, cuja finalidade é a compatibilização do poder no âmbito da empresa para fins de apropriação do lucro, poderiam suplantar tal interesse.

Portanto, aplicado às empresas estatais, o conceito de governança estabelecido pelo IBGC torna-se ainda mais complexo, já que devem ser considerados além dos interesses dos acionistas – que podem variar entre o alcance do interesse público (interesse do acionista majoritário) e interesse privado/lucro (interesse acionista minoritário).

Fortini e Shermam[212] explicitam que a governança corporativa aplicada às empresas estatais é mais complexa, especialmente se levados em consideração os interesses dos acionistas e também dos

---

[210] AMARAL, P. O. Lei das Estatais: Espectro de Incidência e regras de governança. *In*: JUSTEN FILHO, M. (Org.). *Estatuto Jurídico das Empresas Estatais*: Lei nº 13.303/2016- "Lei das Estatais". São Paulo: Revista dos Tribunais, 2016.

[211] WARDE JÚNIOR, Walfrido. *Falta legitimidade à reforma política – DCI*. Warde Advogados, 2018. Disponível em: warde.com.br/falta-legitimidade-reforma-politica-dci/. Acesso em 13 dez. 2018.

[212] FORTINI, Cristiana; SHERMAM, Ariane. Governança Corporativa e medidas preventivas contra a corrupção na Administração Pública: um enfoque à luz da Lei nº 13.303/2016. *Revista de Direito da Administração Pública*, Universidade Federal Fluminense, 2016.

inúmeros stakeholders, que, em última instância, estão pulverizados na coletividade.

Por isso, a governança para empresas estatais mostra-se um desafio ainda maior, na medida em que, além de otimização do desempenho da empresa e proteção do interesse das partes interessadas para alcance de melhores resultados econômicos, deverá objetivar, em sua atuação, a aderência do interesse coletivo previsto em seu objeto social e sua relação com os resultados voltados ao interesse público obtidos com seu desempenho.

Nessas empresas, a governança corporativa, além da importante atribuição de melhor alocar os poderes, visando a maximização de resultados econômicos positivos, em função da mais evidente ausência de homogeneidade de interesses entre os acionistas, pois que o acionista majoritário almeja prioritariamente a concretização de políticas públicas e os demais acionistas objetivam o lucro, enseja que a atuação da governança deve fortalecer estruturas internas de comando e contribuir para a adequada delimitação da atuação do acionista controlador e dos administradores da companhia estatal

Segundo o Instituto Brasileiro de Governança Pública (IBGP), a governança corporativa de instituições públicas é de difícil conceituação, dada a ausência de definições, sendo tal lacuna corroborada por Barrett,[213] segundo a qual não haveria diferença nos princípios que tratam da boa governança corporativa em organizações públicas ou privadas. A boa governança, segundo o autor, requer definições claras de responsabilidade e entendimento amplo da relação entre os acionistas da organização e os encarregados de gerenciar seus recursos e entregar resultados.

E o citado Instituto, no intuito de buscar estabelecer diferenças para a atuação da governança em ambientes públicos e privados, esclarece:

> Em outro estudo, mais recente, Barrett[214] afirma que, apesar de haver similaridades, é importante reconhecer as diferenças básicas entre estruturas administrativas das entidades do setor público e do privado, bem como entre seus *frameworks* de responsabilização *accountability*. O

---

[213] BARRETT, Pat. Achieving better practice corporate governance in the public sector. *Australian National Audit Office*, Canberra, p. 12, 2002. Disponível em: www.anao.gov.au. Acesso em 4 set. 2018.

[214] BARRETT, Pat. Achieving better practice corporate governance in the public sector. *Australian National Audit Office*, Canberra, p. 12, 2002. Disponível em: www.anao.gov.au. Acesso em 4 set. 2018.

ambiente político, com foco em verificações, contabilidade e sistema de valores que enfatizam questões éticas e códigos de conduta, implica num *framework* de Governança Corporativa completamente diferente daquele orientado a negócios, típico do setor privado. Essas diferenças resultam da influência determinante do ambiente institucional onde as organizações públicas estão inseridas. Se, por um lado, as Teorias Organizacionais baseadas no controle da relação principal-agente são insuficientes para definir a Governança Corporativa em organizações do setor público, por outro lado, a Teoria Institucional, ao justificar a incorporação de elementos institucionalizados do ambiente organizacional como salvaguarda para as decisões dos gestores, peca por não abordar a distribuição de poder e o gerenciamento dos conflitos entre os atores que atuam na governança nas entidades do setor público.[215]

O elemento central da governança corporativa privada é o lucro, bem comum para a Sociedade, seus sócios e administradores, sem distinção. Warde Júnior[216] assevera que, por esta razão, não parece razoável que se "importe" o conceito de governança da iniciativa privada, como se fosse possível moldá-la integralmente ao modelo de governança das empresas estatais. Isso porque, ainda segundo Warde Júnior,[217] o lucro não une todos os sócios de uma Sociedade de Economia Mista, já que não é o objetivo do Estado-acionista das Sociedades de Economia Mista, mas sim, a consecução de políticas públicas e interesses públicos que fundamentam a atuação do Estado no mercado concorrencial.

Contudo, Frazão[218] explica que, nessas Sociedades, dada a falta de interesse político e, por conseguinte, a ausência de controles efetivos para a verificação da aderência de seu interesse coletivo e a consecução de seu interesse público, tornou-se cada vez mais maior a ingerência do acionista controlador nessas Sociedades, gerando aparente antagonismo entre o interesse público e a atividade lucrativa, levando a ideia da governança ao esquecimento.

---

[215] INSTITUTO BRASILEIRO DE GOVERNANÇA PÚBLICA – IBGP. *O que é Governança Pública ou Governança Corporativa no setor público?* Disponível em: https://forum.ibgp.net.br/conceitos-de-governanca-no-setor-publico/. Acesso em 02 jan. 2019.

[216] WARDE JÚNIOR, Walfrido. *Falta legitimidade à reforma política – DCI.* Warde Advogados, 2018. Disponível em: warde.com.br/falta-legitimidade-reforma-politica-dci/. Acesso em 13 dez. 2018.

[217] WARDE JÚNIOR, Walfrido. *Falta legitimidade à reforma política – DCI.* Warde Advogados, 2018. Disponível em: warde.com.br/falta-legitimidade-reforma-politica-dci/. Acesso em 13 dez. 2018.

[218] FRAZÃO, Ana. Regime societário das empresas públicas e Sociedades de Economia Mista. *In*: DAL POZZO, Augusto Neves; MARTINS, Ricardo Marcondes (Coord.). *Estatuto Jurídico das Empresas Estatais*. São Paulo: Ed. Contracorrente, 2018.

Certo é que não se pode aplicar integralmente o arcabouço da governança privada à governança pública. Há diferenças estruturais no conceito de governança corporativa pública, uma vez que especialmente os controles e responsabilidades do administrador público e os objetivos finalísticos da atuação da empresa diferem do setor privado, em que a governança se volta, principalmente, para a administração de negócios e seus resultados econômicos.

A maior dificuldade na aplicação da governança corporativa pública, na visão de Costa Pinto,[219] está, portanto, na conciliação da finalidade pública com a lógica empresarial, o que se agrava ainda mais com a indefinição das finalidades das empresas estatais e a ausência de transparência nos objetivos do Estado para com elas, tornando ainda mais complexa a tarefa de tornar efetiva a governança nessas empresas.

Assim, a governança corporativa no setor público deveria estar mais atrelada ao propósito maior da adoção de boas práticas voltadas ao controle de resultados e aferição de compromissos assumidos pelas empresas na consecução de objetivos de políticas públicas que estivessem necessariamente atrelados a resultados econômicos positivos, o que justificaria, em última análise, a manutenção dessas Sociedades no cenário nacional.

Fontes Filho e Alves,[220] ao tratarem da governança no setor público, explicitam que as questões de governança no âmbito da administração pública estão associadas principalmente à gestão das políticas governamentais, ao exercício de poder e ao controle na sua aplicação. Seu significado, contudo, tem ultrapassado a dimensão operacional para incorporar aspectos da articulação dos mais diversos atores sociais e arranjos institucionais. Nesse sentido, os instrumentos à disposição das organizações privadas são limitados, quando não inaplicáveis.

Os autores supracitados afirmam:

> Em síntese, a dificuldade na avaliação dos resultados e a mensuração dos esforços necessários para atingi-los são as principais limitações ao estabelecimento de sistemas de controle externo à governança em

---

[219] COSTA PINTO, Vitor Mendes. Governança Corporativa e Empresas Estatais: recentes avanços e desafios. *Revista de Direito Mercantil 166/167*, Editora Malheiros, p. 207, ago. de 2013/jul.2014. Disponível em: file:///C:/Users/carolinadolabela/Downloads/133718-Texto%20do%20artigo-423343-1-10-20200724.pdf. Acesso em 15 nov. 2018.

[220] FONTES FILHO, Joaquim Rubens; ALVES, Carlos Francisco. *Mecanismos de controle na governança corporativa das empresas estatais*: uma comparação Brasil e Portugal. 2018. Disponível em: http://bibliotecadigital.fgv.br/ojs/index.php/cadernosebape/article/view/72454. Acesso em 13 dez. 2018.

organizações públicas ou sem fins lucrativos. Para os sistemas de controle interno, embora o baixo grau de independência dos conselheiros possa dificultar a efetividade da governança, o maior problema reside na capacidade de estabelecimento de objetivos claros pelo proprietário. São essas, justamente, as maiores restrições à aplicação das soluções dos problemas de agência.[221]

Em decorrência de resultados econômicos duvidosos e escândalos de corrupção deixarem exposta a fragilidade dessas organizações e de suas gestões, tem-se, como forma de mitigar tais problemas, um reforço à ideia da governança corporativa aplicada às empresas estatais, com a publicação da Lei nº 13.303/16.

Do ponto vista estrutural, a governança corporativa ganha fôlego e relevância. Ou seja, em termos de organização societária, a Lei apresenta um reforço importante aos órgãos societários, com destaque para o conselho de administração, diretoria e a criação de um comitê de auditoria estatutário, ligado ao conselho de administração.

Ao contrário, Warde Júnior[222] afirma que a Lei nº 13.303/16 apresenta, de forma tímida, referências expressas às boas práticas de governança corporativa. Todos os artigos[223] que se referem, expressamente, à governança corporativa ou simplesmente à expressão governança, são genéricos e remetem ao conceito já disseminado no mercado aplicado às empresas privadas, voltado à acomodação dos diferentes interesses existentes das sociedades empresárias, que se unem em prol do objetivo comum de lucro. O legislador teria assim se omitido na previsão de uma governança em articulação com o direito público, motivo da existência das Sociedades de Economia Mista.

---

[221] FONTES FILHO, Joaquim Rubens; ALVES, Carlos Francisco. *Mecanismos de controle na governança corporativa das empresas estatais*: uma comparação Brasil e Portugal. 2018. p. 23. Disponível em: http://bibliotecadigital.fgv.br/ojs/index.php/cadernosebape/article/view/72454. Acesso em 13 dez. 2018.

[222] WARDE JÚNIOR, Walfrido. *Falta legitimidade à reforma política – DCI*. Warde Advogados, 2018. Disponível em: warde.com.br/falta-legitimidade-reforma-politica-dci/. Acesso em 13 dez. 2018.

[223] A governança encontra-se mencionada na Lei nº 13.303/16, nos artigos 1º, parágrafos 1, 3º, 4º e 7º; art. 6º, inciso III, art. 9º, parágrafo 3º, inciso II e art. 12, inciso II e art. 18, inciso I, sempre de forma genérica e sem fazer menção à verificação do atendimento do interesse público. (BRASIL. Lei nº 13.303, de 30 de junho de 2016. Dispõe sobre o estatuto jurídico da empresa pública, da Sociedade de economia mista e de suas subsidiárias, no âmbito da União, dos Estados, do Distrito Federal e dos Municípios. *Diário Oficial da União*, Brasília, 01 jul. 2016. Disponível em: www.planalto.gov.br/ccivil_03/_Ato2015-2018/2016/Lei/L13303.htm. Acesso em 14 mar. 2018).

Não obstante a pertinente visão do autor, não se pode, no entanto, ignorar que a Lei n° 13.303/16 apresenta avanços significativos acerca do cuidado com o interesse público na atuação das empresas estatais, especialmente das Sociedades de Economia Mista. Já em seu art. 1°, §3°, a Lei previu que os Poderes Executivos poderão editar atos que estabeleçam regras de governança destinadas às suas respectivas estatais. Trata-se de possibilidade, aplicada sob um viés de recomendação, mas que pode ser realizado pelo poder executivo a qualquer tempo.

É bem verdade que por meio de análise dos decretos publicados pelos entes federativos, regulamentando a Lei n° 13.303/16, os conceitos mantiveram-se generalistas, não detalhando, para além do disposto na lei, a atuação da governança. Tal postura permitida pela lei poderia, segundo lição de Warde Júnior,[224] conferir supremacia aos interesses privados e à lucratividade, o que faria desaparecer a razão de existir dessas entidades.

No entanto, repita-se importante que, ao contrário desse entendimento, sejam verificados os avanços trazidos pela Lei acerca do enaltecimento do interesse público e sua relação direta com as boas práticas de governança corporativa, não sendo possível que tal interesse seja interpretado de forma dissociada de todo o arcabouço trazido pela Lei sob comento.

Segundo o Instituto Brasileiro de Governança Corporativa (IBGC), são princípios básicos de governança corporativa: (i) transparência, especialmente na disponibilização de informações relevantes a todas as partes interessadas; (ii) equidade, que se caracteriza pelo tratamento justo e isonômico de todos os sócios e demais partes interessadas (stakeholders); (iii) prestação de Contas (accountability); e (iv) Responsabilidade Corporativa, já que os agentes de governança devem zelar pela viabilidade econômico-financeira das organizações.

Ainda, com base na publicação do IBGC, deve-se inserir, dentre esses princípios básicos da governança, voltados às empresas estatais, o atendimento ao relevante interesse coletivo, que motiva a sua criação, e a finalidade de interesse público, objetivada com sua atuação.

A governança corporativa pode ser entendida, de forma generalizada, como um conjunto de boas práticas que podem ser incorporadas por empresas que objetivam garantir o alto nível de transparência e controle da gestão do negócio. Certo é que, no contexto das Sociedades

---

[224] WARDE JÚNIOR, Walfrido. *Falta legitimidade à reforma política – DCI*. Warde Advogados, 2018. Disponível em: warde.com.br/falta-legitimidade-reforma-politica-dci/. Acesso em 13 dez. 2018.

de Economia Mista, deve ser inserido, dentre essas boas práticas, o atendimento ao relevanteinteresse coletivo previsto constitucionalmente e sua inter-relação com o interesse público.

Significa dizer que o não estabelecimento de obrigações específicas que direcionem a atuação da governança voltada ao atendimento ao interesse público objetivado pela empresa – assim como seus limites e planejamento de execução, atrelados à análise de resultados da estatal – pode redundar em direcionamentos equivocados na condução dos negócios dessas empresas.

O art. 8º, em seu §1º, ratifica a necessária observância do interesse público ao dispor que a empresa estatal deverá observar como requisito de transparência o interesse público da empresa pública e da Sociedade de Economia Mista. Respeitadas as razões que motivaram a autorização legislativa, manifesta-se por meio do alinhamento entre os seus objetivos empresariais e aqueles de políticas públicas, na forma explicitada na carta anual a que se refere o inciso I do caput.

Diretrizes sobre Governança Corporativa para Empresas de Controle Estatal elaboradas pela Organização para Cooperação e Desenvolvimento Econômico, por meio do OCDE, as chamadas *Guidelines on Corporate of State owned enterprises*, reforçam esse entendimento e apresentam observações relevantes a respeito da atuação do Estado enquanto proprietário das empresas estatais, estabelecendo o que se pode chamar de "condutas desejáveis ao amadurecimento da governança". Nesse sentido, a Organização recomenda que:

> O governo deve desenvolver e divulgar uma política de propriedade que defina os objetivos gerais da propriedade estatal, a função do Estado na governança corporativa das estatais, e como irá implementar sua política de propriedade. Os objetivos múltiplos e contraditórios da propriedade estatal frequentemente levam a uma conduta muito passiva das funções de propriedade ou, inversamente, resultam na excessiva intervenção em questões ou decisões que deveriam ser deixadas para a empresa e seus órgãos de governança. Para que o Estado se posicione claramente como um proprietário, deverá esclarecer e priorizar seus objetivos. Os objetivos podem incluir evitar distorções de mercado e a busca de lucratividade expressa na forma de objetivos específicos, tais como taxa de retorno e políticas de dividendos. Traçar objetivos pode incluir escolhas, por exemplo, entre o valor da ação, serviços públicos e até previdência social. O Estado deve então ir mais além do que definir seus objetivos como proprietário, deve também indicar suas prioridades e esclarecer como essas escolhas intrínsecas devem ser tratadas. Agindo dessa forma, o Estado deve evitar interferência nos assuntos operacionais

e, portanto, respeitar a independência do conselho. Uma política de propriedade clara ajudará a evitar concessão de autonomia excessiva às estatais para traçar seus próprios objetivos ou para definir a natureza e extensão de suas obrigações de serviços públicos. Além disso, o Estado deve esforçar-se em ser consistente em sua política de propriedade e evitar modificar os objetivos gerais com muita frequência.[225]

Sob uma outra ótica, reconhece-se que a Lei nº 13.303/16 poderia ter sido mais específica em relação à atuação da gestão dos administradores voltada à governança pública, por meio da qual se objetivasse a compatibilização de obtenção de resultados econômicos positivos e atendimento de políticas públicas aderentes aos interesses da Sociedade.

Por isso, recomenda-se que seja pauta de regramento interno das Sociedades de Economia Mista a gestão dos administradores e a atuação do acionista controlador voltada à análise e ao cumprimento do interesse público. Para tanto, o controle interno exerceria importante papel, já que por meio dos indicadores de desempenho objetivos, seria possível a mensuração do atendimento do interesse público por essas Sociedades e do interesse econômico, sempre em conformidade com o seu objeto social e as diretrizes estabelecidas por seus administradores.

Preocupa, ainda, nesse contexto, o discurso de maior autonomia e de fortalecimento de órgãos societários, com profissionalização dessas estruturas, sem que haja correspondente conscientização, treinamento e aplicação de critérios objetivos de gestão que ofereçam indicadores que mensurem, para além da avaliação da saúde financeira dessas entidades e lisura na atuação de seus administradores, a sua capacidade de aferição do cumprimento de seu objeto social (interesse coletivo) e, por conseguinte, das políticas públicas que justificam e direcionam a atuação dessas empresas.

Evidentemente que, se não houver interesse político e controles internos e externos alinhados ao interesse público, enquanto finalidade a ser alcançada, haverá o risco de robustecimento das estruturas internas de governança especificadas na Lei nº 13.303/16, o que tornará essas Sociedades cada vez mais distantes da gestão de políticas públicas e, em última análise, podendo reforçar a autonomia dessas Sociedades sem o correspondente planejamento de gestão, tornando toda a estrutura voltada à governança medida apenas paliativa, criada para atender aos

---

[225] ORGANIZAÇÃO PARA COOPERAÇÃO E DESENVOLVIMENTO ECONÔMICO. *OCDE Guidelines on Corporate of State-owned enterprises*. 2015. Disponível em: /www.oecd.org/daf/ca/corporategovernanceofstate-ownedenterprises/42524177.pdf. Acesso em 11 dez. 2018.

ditames da Lei, entretanto, sem repercussão relevante no equilíbrio das atribuições da Sociedade.

Nesse contexto, torna-se necessário que seja avaliada cada uma das estruturas internas de poder, responsáveis pelo sistema de gestão dessas Sociedades, que reforçam e compõem a atuação da governança corporativa, quais sejam: (i) conselho de administração; (ii) diretoria; e (iii) assembleia de acionistas, com ênfase ao controle societário, representando a supremacia da vontade do acionista majoritário nos atos da Sociedade e os interesses dos acionistas minoritários.

Ainda será avaliado em que medida as estruturas de governança voltadas à gestão das Sociedades contribuem para a adequada coexistência do interesse público e privado nessas empresas, especialmente em relação à interpretação do art. 238 da Lei nº 6404/76, de forma a contribuir para o direcionamento da atuação do controlador em conformidade com os interesses que circundam a Sociedade.

4.2 Órgãos societários: Assembleia Geral de Acionistas e Administradores

Nas palavras de Borba,[226] a Sociedade anônima, como qualquer pessoa jurídica, manifesta-se através de órgãos aos quais compete produzir a vontade social. Assim, quando o órgão social se pronuncia, é a própria Sociedade que está emitindo o pronunciamento.

As estruturas internas de poder das Sociedades anônimas, especificamente das Sociedades de Economia Mista, são o conselho de administração, a diretoria e a assembleia de acionistas, com particular atenção ao controle societário (dada a imposição da vontade do Estado nos atos da Sociedade).

Até o advento da Lei nº 13.303/16, os órgãos societários, especialmente o conselho de administração e a diretoria, estiveram vinculados a interesses partidários e, em regra, com predomínio dos interesses do acionista majoritário pautado em posicionamentos circunstanciais de governo na condução da atividade empresarial.

A Lei nº 6.404/76, conhecida como Lei das Sociedades Anônimas, dispõe sobre a organização dessas Sociedades, definindo as competências e responsabilidades adstritas aos seus órgãos societários. Do ponto de

---

[226] BORBA, José Edwaldo Tavares. *Direito Societário*. 12. ed. rev. aum. e atual. Rio de Janeiro: Renovar, 2010.

vista empresarial, Lamy Filho e Pedreira[227] apontam que a assembleia de acionistas constitui o foro apropriado para o confronto da minoria contra a opressão da maioria.

A assembleia de acionistas configura-se formalmente como órgão social supremo da Sociedade anônima, uma vez que representa o poder máximo da Sociedade. Pode ser definida, nas palavras de Eizirik,[228] como o conjunto de acionistas reunidos, mediante convocação e instalação realizadas de acordo com a Lei das S/A. e o Estatuto Social, para deliberar sobre matéria de interesse social.

A relevância da assembleia geral encontra-se prevista no caput do art. 121 da Lei das Sociedades Anônimas, já que detém poderes para decidir todos os negócios relativos ao objeto da companhia e tomar as resoluções que julgar convenientes para defesa e desenvolvimento da Sociedade empresária. No entanto, na visão de Lamy Filho e Pedreira,[229] percebe-se o declínio da Assembleia Geral, consubstanciado, principalmente, (i) pela complexidade associada à necessária agilidade da gestão social da empresa, incompatível com o ritual e com a estrutura de uma assembleia de acionistas, em que há diversos interesses e entendimentos dissonantes que, pela sua natureza, retardam a tomada de decisões; (ii) pelo fortalecimento dos órgãos da administração motivado pelo crescente absenteísmo dos acionistas, o que acaba por conferir cada vez mais poderes à Diretoria e ao Conselho de Administração na condução da empresa.

Nas Sociedades de Economia Mista, especialmente as de capital fechado, em que a participação do acionista privado é ainda menor que nas companhias de capital aberto, (nas quais há maior pulverização de sócios privados e, portanto, controle externo mais efetivo, seja por meio da Comissão de Valores Mobiliários (CVM),[230] ou do próprio controle

---

[227] LAMY FILHO, Alfredo; PEDREIRA, José Luiz Bulhões. *Direito das companhias*. Rio de Janeiro: Forense, 2009.

[228] EIZIRIK, Nelson. *A Lei das S/As Comentada. Volume II – Arts. 121 a 188*. São Paulo: Quartier Latin, 2011.

[229] LAMY FILHO, Alfredo; PEDREIRA, José Luiz Bulhões. *Direito das companhias*. Rio de Janeiro: Forense, 2009.

[230] A CVM, por meio do julgado n° RJ2013/6635, verificou a atuação da União Federal, enquanto controladora da Centrais Elétricas Brasileiras S.A – Eletrobrás. No âmbito da Medida Provisória, foi proposta a renovação automática das concessões de geração e transmissão de energia elétrica, em troca de redução de tarifa. Tal Medida prejudicou consideravelmente a Eletrobrás e a CVM. A Relatora Luciana Dias em seu voto, acompanhado unanimemente pelo Colegiado, condenou a União Federal à pena de multa no valor de R$500.000,00 (quinhentos mil reais), por ter violado o art. 115, §1° da Lei n° 6.404/1976, por ter agido em conflito de interesses ao votar favoravelmente à adoção da MP n° 579 que envolvia interesses relevantes da União Federal. (PAS CVM n° RJ 2013/6635). Disponível em: http://www.cvm.gov.br/export/sites/cvm/sancionadores/sancionador/anexos/2015/20150526_PAS_RJ20136635. Acesso em 04 jan. 2019).

social), a ingerência do acionista majoritário sempre foi muito forte e sem maiores consequências do ponto de vista de responsabilização.

Ressalte-se que não se tem a pretensão de afirmar que não há predomínio da atuação do Estado nas Sociedades de Economia Mista de capital aberto, enquanto acionista controlador, apenas é importante considerar a existência, nessas empresas, de controles mais eficazes que contribuem para a aferição da adequabilidade técnica e jurídica da gestão dessas Companhias e inibem a adoção de posicionamentos desconformes.

Não se pode negar que a interferência do acionista majoritário nos rumos da companhia estatal, que será tratada adiante em detalhes, sempre foi ratificada pela indicação, pautada em interesses político-partidários de membros do primeiro escalão do governo, para compor a maioria do Conselho de Administração e da Diretoria dessas empresas, no intuito de satisfazer interesses governamentais. Tais indicações sempre foram veladamente fundamentadas na lógica de que devem integrar os conselhos aqueles que estão mais alinhados aos interesses do governo, muitas vezes desvinculados dos objetivos da empresa estatal.

Não haveria, em caráter prioritário, problema nas indicações explicitadas, puramente se for considerado que as pessoas indicadas coadunam da mesma ideologia política e que, portanto, são favoráveis às políticas públicas idealizadas por determinada gestão governamental.

Acontece que, para além dessa constatação, há também a de que tais escolhas políticas em geral não vêm acompanhadas de critérios qualitativos para assunção aos cargos de membro do Conselho de Administração e Diretor (administradores) nas empresas estatais, o que redunda em gestões superficiais e, por vezes, irresponsáveis.

Tal prática, na qual se nomeiam administradores de empresas estatais em decorrência de acordos políticos e interesses de governo, pode significar abuso do poder de controle. Ou seja, dirigentes e conselheiros escolhidos para apoiar projetos de governo, sem, no entanto, terem a *expertise* necessária para avaliarem as possibilidades econômico-financeiras da empresa e a aderência de seus projetos em relação ao seu, em consonância com o seu objeto social e à finalidade pública que motiva a sua existência, desprofissionalizou sobremaneira a atuação dessas sociedades empresárias junto à Administração Pública Indireta.

Warde Júnior[231] afirma que o administrador público não funciona sob a primazia do interesse da empresa, limitado por seus deveres

---

[231] WARDE JÚNIOR, Walfrido. *Falta legitimidade à reforma política – DCI*. Warde Advogados, 2018. Disponível em: warde.com.br/falta-legitimidade-reforma-politica-dci/. Acesso em 13 dez. 2018.

fiduciários, estabelecidos pela Lei das Sociedades Anônimas, sendo certo que é o interesse da empresa e os deveres fiduciários dos administradores que se submetem, inexoravelmente, ao interesse público e às decisões administrativas vinculantes.

O que se verifica, em certa medida, é um desequilíbrio na gestão dessas empresas, ora mais voltadas aos interesses privados, ora mais voltadas mais ao interesse público, sem, em ambas as hipóteses, se considerar que ambos os interesses devem coexistir, sendo possível que, a depender da hipótese, haja inevitável sopesamento entre tais interesses, de acordo com a finalidade e os objetivos almejados pela empresa.

Verifica-se, ainda, uma grande dificuldade na delimitação dos limites da intervenção do acionista majoritário, que se vê representado, em grande medida, pelos conselhos de administração e pela diretoria, sem que isso se traduza, necessariamente, em ilegalidades explícitas, mas que, com certeza, podem significar escolhas rasas e pautadas em diretrizes que não se configuram suficientemente sustentáveis e perenes.

Schirato reforça esse entendimento ao afirmar que é comum verificar o uso de "cargos de confiança na direção de empresas estatais como moeda de troca de apoio político, com completo esquecimento dos deveres da boa gestão da coisa pública e da nomeação de pessoas capacitadas para o exercício do poder de administração das empresas estatais".[232]

Trata-se de prática recorrente no Brasil e, dada a ausência de sua proibição formal, não obstante a flagrante ofensa aos princípios da impessoalidade e da moralidade, foi institucionalizada e transformou as Sociedades de Economia Mista e as empresas públicas em entidades pouco profissionalizadas em nível de gestão e, por conseguinte, menos eficientes.

Nas palavras de Schirato, extrai-se:

> A influência política na gestão das empresas, na visão do autor, é um dos maiores riscos relacionados à existência e funcionamento dessas empresas, concluindo que: (...) É imperioso, para se garantir o funcionamento adequado de referidas instituições e a efetiva realização de suas finalidades precípuas, que sua gestão seja empresarial, voltada à realização de seus objetivos sociais, e não há satisfação de meros interesses políticos, os quais, não raro, estão a léguas de distância do

---

[232] SCHIRATO, Vitor Rhein. *As empresas estatais no direito administrativo econômico atual*. São Paulo: Saraiva, 2016. p. 185.

interesse público efetivamente subjacente à existência da empresa estatal em questão.[233]

Assim, tornou-se medida emergencial o estabelecimento de pré-requisitos para indicação de administradores das sociedades estatais, especialmente das Sociedades de Economia Mista, visando a aumentar a idoneidade e a independência em face de diretrizes flagrantemente voltadas à satisfação de intentos políticos.

Com o advento do Estatuto Jurídico das Empresas Estatais (Lei nº 13.303/16), foram criados requisitos que conferem imparcialidade à indicação de nomes para integrarem conselhos e diretoria nessas sociedades, além de elencar, expressamente, vedações à indicação de pessoas que se enquadrem nas proibições nela previstas.

Contudo, pode-se afirmar que tais medidas podem gerar um efeito indesejado se considerada a finalidade da criação da empresa estatal, uma vez que podem ser privilegiados os interesses privados em detrimento dos interesses públicos, o que poderia representar um descompasso entre as atividades desenvolvidas pela empresa e seus objetivos sociais, o que ocasionaria um distanciamento dos anseios do acionista controlador em relação à administração da sociedade.

4.2.1 O controle societário das Sociedades de Economia Mista

A Sociedade de economia mista, entidade integrante da Administração Pública brasileira, é constituída sob a forma de sociedade anônima, portanto, sujeita à Lei nº 6.404/76. Sua criação é autorizada por lei, nos termos do inciso XIX do art. 37 da CF/88, e possui controle societário unipessoal, o que significa dizer que, dada a sua natureza de empresa estatal, seu controle acionário é exercido pelo ente federativo a que se vincula.

A doutrina administrativista, de acordo com Schirato,[234] reforçada pela redação equivocada do Decreto Lei nº 200/67,[235] sempre procurou

---

[233] SCHIRATO, Vitor Rhein. *As empresas estatais no direito administrativo econômico atual*. São Paulo: Saraiva, 2016. p. 187.
[234] SCHIRATO, Vitor Rhein. *As empresas estatais no direito administrativo econômico atual*. São Paulo: Saraiva, 2016.
[235] O Decreto-Lei nº 200, de 25 de fevereiro de 1967, com a redação dada pelo Decreto-Lei nº 900, de 29 de setembro de 1969, assim dispõe sobre a Sociedade de economia mista: "A entidade dotada de personalidade jurídica de direito privado, criada por lei para a exploração de atividade econômica, sob a forma de sociedade anônima, cujas ações com direito a voto

identificar o poder de controle em uma determinada empresa, visando classificá-la como empresa estatal, a partir de uma única situação jurídica (detenção da maioria das ações com direito a voto) quando, em realidade, a classificação de empresas como estatais independe do Poder Público possuir a maioria das ações com direito a voto, sendo relevante para tal definição, a manutenção do controle acionário pelo Estado.

Portanto, aquele que detém maior **poder de voto** é chamado de acionista controlador, e cabe a ele determinar os rumos dos negócios da companhia, tendo, para tanto, determinados deveres e responsabilidades, especialmente perante os acionistas minoritários, por eventual abuso de poder. Assim, para a configuração da empresa como Sociedade de economia mista, é essencial que o controle da sociedade pertença ao Estado e que a finalidade pública justifique a sua atuação na economia, respaldando a excepcionalização do princípio constitucional da livre concorrência.[236]

Não por acaso, a CF/88, no *caput* de seu art. 173, estabelece que o Estado, por intermédio de suas empresas estatais, apenas poderá explorar diretamente a atividade econômica, quando necessário aos imperativos de segurança nacional e relevante interesse coletivo.

Nesse ponto, merece atenção a atuação do Estado nessas empresas: deve, ao mesmo tempo em que objetiva o interesse público, sujeitar-se às normas da Lei das Sociedades Anônimas, com responsabilidades, obrigações societárias e objetivos privados, voltados ao alcance de metas financeiras e resultados econômicos que redundem em valorização de suas ações no mercado de capitais ou se traduzam em ganhos de eficiência e lucratividade, em respeito aos interesses dos acionistas.

Ainda, a consecução do interesse público pelo acionista controlador das Sociedades de Economia Mista deve guardar, ao mesmo tempo, correlação lógica entre o seu objeto social e a autossuficiência da empresa em longo prazo, o que significa que empresas estatais devem buscar resultados financeiros da atividade que exploram.

---

pertençam em sua maioria à União ou à entidade da Administração Indireta". (BRASIL. Decreto-Lei nº 200, de 25 de fevereiro de 1967. Dispõe sobre a organização da Administração Federal, estabelece diretrizes para a Reforma Administrativa e dá outras providências. *Diário Oficial da União*, Brasília, 27 fev. 1967, retificado em 08 mar. 1967, 30 mar. 1967 e 17 jul. 1967. Disponível em: http://www.planalto.gov.br/Civil/decreto-lei/Del0200.htm. Acesso em 11 nov. 2018).

[236] O poder de controle, também chamado controle interno (exercido pelo acionista ou grupo de acionistas com maior poder de voto), se contrapõe ao controle externo (exercido por outras empresas ou outras forças. (COMPARATO, Fábio Konder; SALOMÃO FILHO, Calixto. *O poder de controle na sociedade anônima*. 4. ed. 2. tiragem. Rio de Janeiro: Forense, 2005).

Contudo, é inegável que o maior desafio do controle societário não é necessariamente o alcance de uma gestão eficiente e profissionalizada, mas sim, o atendimento de sua finalidade pública, em equilíbrio com o interesse privado, sem prejudicar, ainda, a ampla competitividade do mercado econômico.

Significa dizer que a busca do atendimento ao interesse público e econômico nessas sociedades é, também, o fundamento principal da discussão acerca dos limites da atuação do controle societário na consecução de interesse público, utilizado como pretexto para tudo autorizar e legitimar.

O Direito brasileiro contemplou o conceito de controle societário (leia-se acionista controlador) no art. 116[237] da Lei n° 6.404/76, também conhecida como Lei da S/A, estabelecendo que o acionista controlador é a pessoa, natural ou jurídica, ou grupo de pessoas vinculadas por acordo de voto, ou sob controle comum, que:

> a) é titular de direitos de sócio que lhe assegurem, de modo permanente, a maioria dos administradores da companhia; e
> b) usa efetivamente o seu poder para dirigir as atividades sociais e orientar o funcionamento dos órgãos da companhia.

Assim, a Lei n° 6404/76 já trazia a imprescindibilidade de atuação do poder do acionista controlador em conformidade com as atividades sociais da empresa, constantes em seu estatuto social. O parágrafo único do art. 116 expressamente determina que deve o acionista controlador usar o seu poder com a finalidade de fazer a companhia realizar o seu objeto e cumprir a sua função social, ressaltando os seus deveres para com os demais acionistas da empresa, com os empregados, *stakeholders* e a sociedade em geral.

---

[237] Art. 116. Entende-se por acionista controlador a pessoa, natural ou jurídica, ou o grupo de pessoas vinculadas por acordo de voto, ou sob controle comum, que: a) é titular de direitos de sócio que lhe assegurem, de modo permanente, a maioria dos votos nas deliberações da assembleia-geral e o poder de eleger a maioria dos administradores da companhia; e b) usa efetivamente o seu poder para dirigir as atividades sociais e orientar o funcionamento dos órgãos da companhia.
Parágrafo único. O acionista controlador deve usar o poder com o fim de fazer a companhia realizar o seu objeto e cumprir sua função social, e tem deveres e responsabilidades para com os demais acionistas da empresa, os que nela trabalham e para com a comunidade em que atua, cujos direitos e interesses deve legalmente respeitar e atender. (BRASIL. Lei n° 6.404, de 15 de dezembro de 1976. Dispõe sobre as Sociedades por Ações. *Diário Oficial da União*, Brasília, 17 dez. 1976. Disponível em: http://www.planalto.gov.br/ccivil/LEIS/L6404consol.htm. Acesso em 13 nov. 2018).

Ainda, segundo o art. 238,[238] especificamente relacionado às Sociedades de Economia Mista, o acionista controlador poderá, ainda, orientar as atividades da companhia de modo a atender ao interesse público que justificou a sua criação.

Note-se que nas determinações dispostas no art. 116 da Lei n° 6.404/76 esteve no cerne do exercício do poder do acionista controlador das sociedades anônimas, a observância dos interesses sociais e econômicos em sua atuação, o que torna possível afirmar que a Lei n° 13.303/16 apenas estruturou, por meio de mecanismos ligados à governança corporativa, a conciliação de todos os interesses que circundam uma sociedade empresária.

O enfoque do art. 116 é voltado às sociedades anônimas genericamente consideradas, o que permitiria concluir que há uma aproximação do disposto na Lei n° 13303/16 às previsões da Lei n° 6404/16, aproximando-as do papel empresarial que devem exercer.

Ocorre que a atuação do acionista controlador na Sociedade de economia mista possui contornos que exigem a observância de especificidades próprias, nas quais a amplitude de sua atuação volta-se ao atendimento de políticas públicas, o que foi considerado pela Lei n° 13303/16, mesmo que de forma dispersa, em seus artigos.[239]

Importante que se retorne ao advento da CF/88, especialmente ao art. 173, para que a Lei n° 6404/76, no que concerne às Sociedades de Economia Mista, possa ser interpretada em consonância com o texto constitucional, o que traz à tona a importância e o papel dessas empresas na consecução de interesses públicos.

Percebe-se que nem a CF/88, apesar de melhor explicitar o papel das Sociedades de Economia Mista e sua interpretação em conformidade com a Lei n° 6.404/76, foi suficiente para delimitar os limites da discricionariedade do conceito jurídico indeterminado "relevante interesse coletivo". O conceito ficou à mercê do intérprete que, em objetos sociais generalistas, conseguiu inserir diversas atividades,

---

[238] Art. 238 A pessoa jurídica que controla a companhia de economia mista tem os deveres e as responsabilidades do acionista controlador (artigos 116 e 117), mas poderá orientar as atividades da companhia de modo a atender ao interesse público que justificou a sua criação.

[239] A Lei n° 13.303/16 traz a expressão interesse público nos art. 3°, §1°, art. 8, V e em seu §1°, art. 42, VII, d, art. 62 e a expressão interesse coletivo consta nos art. 2°, art. 8°, I e VI, art. 27, caput e §1°. (BRASIL. Lei n° 13.303, de 30 de junho de 2016. Dispõe sobre o estatuto jurídico da empresa pública, da Sociedade de economia mista e de suas subsidiárias, no âmbito da União, dos Estados, do Distrito Federal e dos Municípios. *Diário Oficial da União*, Brasília, 01 jul. 2016. Disponível em: www.planalto.gov.br/ccivil_03/_Ato2015-2018/2016/Lei/L13303.htm. Acesso em 14 mar. 2018).

como se implicitamente fossem de relevante interesse coletivo para o seu exercício.

Dessa forma, a expressão "interesse público", resultado dessa "validação" conferida pelo objeto social, de forma ampla e irrestrita, serviu de justificativa para excessos e desmandos do acionista controlador, inclusive em relação ao interesse dos investidores privados das Sociedades de Economia Mista.

Tanto é assim que a realidade vivenciada por essas empresas é de contraposição entre o interesse público e o privado. Tais interesses deveriam, ao contrário, ser vistos como complementares e estruturantes da Sociedade de economia mista, porém, são tratados como contrários e conflitantes.

Pode-se atribuir essa contraposição à interpretação dada ao conceito jurídico indeterminado "interesse público", confundido muitas vezes com interesses de governo dissociados do interesse coletivo que motiva a atuação da companhia, exacerbando o campo de atuação do interesse público que, sob seu manto de superioridade, autoriza a atuação desmedida do Estado sobre essas empresas.

Escolhas do acionista controlador (Estado), seja por seu voto majoritário nas assembleias, seja pela escolha de membros do conselho de administração pautados em critérios políticos, preenchidos em sua maioria com membros do primeiro escalão da Administração Pública Direta do Poder Executivo, oferece aval para decisões governamentais, mesmo que inadequadas para a manutenção da sociedade empresária

Pinto Júnior[240] afirma que a atuação do Estado nas empresas estatais, especialmente das Sociedades de Economia Mista que têm participação do acionista minoritário, balizadores dos limites da ingerência pública sobre os interesses privados, precisa lidar com o desafio de rever o paradigma do exacerbado corporativismo, a falta de compromisso com resultados e o risco de aparelhamento político partidário.

O que se verifica, não obstante a previsão do art. 117 da Lei nº 6404/76 e as normas constitucionais que buscam coibir abusos de poder e nortear a atuação do Estado na gestão das Sociedades de Economia Mista, é que tais normas não foram suficientes para que a gestão dessas sociedades não fosse pautada pela influência política de seus administradores, protegidos pelo Estado enquanto acionista controlador.

---

[240] PINTO JÚNIOR, Mário Engler. *Empresa Estatal*: função econômica e dilemas societários. São Paulo: FVG Atlas, 2013.

Outro risco à existência e ao funcionamento dessas sociedades, que se tornou prática comum, é a utilização do controle estatal para justificar uma atuação contrária ao Direito. De acordo com Schirato,[241] a atuação contrária ao Direito foi muitas vezes travestida de legalidade, pautada no entendimento de que o interesse público por elas realizado justificaria condutas que, em certas oportunidades, contrariam as normas regentes da exploração das atividades econômicas.

Ainda, a ausência de definições claras do Estado proprietário acerca dos rumos das Sociedades de Economia Mista, muitas vezes, as aproxima demais da esfera privada, afastando-as de sua função pública. Pode ser, ainda, que a ausência de diretrizes do Estado possa, ao contrário, torná-las extensões da Administração Pública Direta, como se estivessem à mercê da satisfação dos interesses de Estado, na figura de acionista controlador, para acobertar interesses partidários, a ponto de colocar em risco a sua existência em prol de uma determinada política pública dissonante das diretrizes internas da sociedade empresária, por exemplo.

A coerência entre a atuação das Sociedades de Economia Mista e as diretrizes estabelecidas pelo Estado proprietário é necessidade relevante para a correlação entre o papel da estatal no cenário econômico nacional e sua participação como entidade integrante da Administração Pública. O Estado proprietário deveria exercer papel de direcionador da atuação dessas entidades e não vincular sua atuação a simples ingerências circunstanciais, carentes de planejamento, o que, inevitavelmente, acarretam desvios na gestão dessas empresas e por ventura redundam em prejuízos financeiros.

4.2.2 Evolução legislativa do controle societário: Leis n°s 6404/76 e 13.303/76

Tanto o art. 116 quanto o art. 117 da Lei das Sociedades Anônimas apresentam conceitos de significado indeterminado ao mencionarem, por exemplo, que o controlador atua com abuso de poder quando exerce sua atividade de forma lesiva ou contrária à função social da sociedade, ficando muitas vezes sujeitas à discricionariedade do aplicador da norma, escolher, dentre as opções legalmente viáveis, aquela que melhor

---

[241] SCHIRATO, Vitor Rhein. *As empresas estatais no direito administrativo econômico atual*. São Paulo: Saraiva, 2016.

se adeque aos interesses do caso concreto, na aplicação do conceito jurídico indeterminado.

Nas Sociedades de Economia Mista, os conceitos de lesividade e de função social, afora as regras societárias dispostas pela Lei nº 6404/76, devem ser avaliados em consonância com o interesse coletivo que fundamenta a existência da companhia e vice-versa. Ou seja, mesmo que a política pública seja aderente ao objeto social da sociedade e o acionista controlador reconheça tal condição, deve-se avaliar, sob o ponto de vista societário, se aquela política impõe perdas à empresa e aos acionistas minoritários, sob pena de colocar em risco a sobrevivência da sociedade.

Significa dizer que a análise da incidência de conduta lesiva à empresa, assim como o descumprimento de sua função social, devem ser avaliados em conjunto, sem que seja realizada análise isolada do relevante interesse coletivo e ou da política pública que se objetiva atingir e, muito menos, em desconformidade com os interesses econômicos que circundam essas sociedades empresárias.

O art. 238 da Lei de Sociedades Anônimas (Lei nº 6404/76) dispõe que o acionista controlador das Sociedades de Economia Mista deve orientar suas atividades de modo a atender ao interesse público, não autorizando que o ente público controlador imponha à sociedade o ônus de implementar políticas públicas gerais ou extrassetoriais, para além dos fins sociais especificamente imputados.

Não se pode olvidar que, nos termos do texto constitucional, a finalidade pública na atuação das Sociedades de Economia Mista se trata de um dever e não de uma faculdade do Estado, sob pena de incorrer em ilegalidade e inconstitucionalidade.[242]

Comparato e Salomão Filho, quanto ao poder de controle previsto na Lei nº 6404/76, afirmam:

> O titular do controle exerce a soberania societária. Não vai nisto nenhuma aberração. Ao contrário, a existência de um direito de controle representa um elemento indispensável na economia social, embora ele não tenha

---

[242] Como um reflexo do que ocorre com todo o Direito Administrativo, as empresas estatais são foco de arbitragem entre diversos interesses, de forma que deve o Estado, na qualidade de acionista controlador, realizar constante arbitramento entre o interesse da coletividade a ser tutelado pela empresa estatal e os outros interesses públicos que lhe orbitam, inclusive os interesses dos acionistas minoritários (SCHIRATO, Vitor Rhein. *As empresas estatais no direito administrativo econômico atual*. São Paulo: Saraiva, 2016. p. 152).

sublinhado, como deveria, na estrutura do modelo legal, até o advento da Lei n° 6.404/76.[243]

Da mesma forma, Schirato[244] explica que o art. 173 da CRFB/88, conforme já explicitado, restringe a atuação dessas empresas a atividades que tenham relevante interesse coletivo, em consonância com seu objeto social. Deste modo, o referido dispositivo normativo apenas presta-se a limitar situações evidentes e claras da indevida atuação do Estado diretamente no domínio econômico, contudo, tal dispositivo é absolutamente imprestável, na maioria dos casos em que há zona cinzenta decorrente da elasticidade da noção de relevante interesse coletivo.

O problema da atuação do controle societário não reside na imposição de realização de atividades que flagrantemente guardam relação com o objeto social da companhia, ou mesmo se encontrem nele previstas, mas sim, naquelas em que a empresa possui um objeto social genérico e ampliativo. Nessas situações, a capacidade de abarcar diversas atividades em que o interesse coletivo, por ser conceito jurídico indeterminado e carente de melhor delimitação no ordenamento pátrio, é utilizado para se acomodar justificativas da atuação da sociedade de economia mista, pautadas em interesse público fundamentado em critérios discricionários.

Por isso deve haver coerência entre a atuação das Sociedades de Economia Mista e as diretrizes estabelecidas pelo Estado proprietário, sendo relevante para a correlação entre o papel da estatal no cenário econômico nacional e sua participação como entidade integrante da Administração Pública. O Estado proprietário deve exercer papel de direcionador da atuação dessas entidades e não vincular sua atuação a simples ingerências circunstanciais carentes de planejamento, o que, inevitavelmente, acarretam desvios na gestão dessas empresas e porventura redundam em prejuízos financeiros.

Tal fato ocasiona inevitável insegurança dos investidores minoritários nessas sociedades, especialmente pela falta de transparência nas escolhas adotadas pelo acionista controlador, sempre justificadas pela supremacia do interesse público.[245]

---

[243] COMPARATO, Fábio Konder; SALOMÃO FILHO, Calixto. *O poder de controle na sociedade anônima*. 4. ed. 2. tiragem. Rio de Janeiro: Forense, 2005. p. 294.

[244] SCHIRATO, Vitor Rhein. *As empresas estatais no direito administrativo econômico atual*. São Paulo: Saraiva, 2016.

[245] Na verdade, o dogma vigente entre publicistas brasileiros, da supremacia do interesse público sobre o particular, parece ignorar nosso sistema constitucional, que tem como uma das suas principais características a relevância atribuída aos direitos fundamentais. O discurso da

Baseando-se nas ideias apresentadas por Schirato,[246] é preciso cautela ao defender que o exercício do poder de controle pelo Estado nas empresas estatais é ilimitado, o que implica asseverar que, sob o pretexto de proteção e da tutela do interesse público genericamente considerado, pode o Estado lesar interesses dotados de inegável legitimidade, como os interesses coletivos daqueles que participam como investidores das Sociedades de Economia Mista.

Com o advento da Lei n° 13.303/16 (Estatuto Jurídico das Empresas Estatais), a discricionariedade apta a justificar escolhas do acionista controlador, pautadas no fundamento do interesse público ilimitado fica enfraquecida, se considerada a inserção de exigências de instauração de governança corporativa associada a mecanismos jurídicos de controle e transparência, o que inegavelmente dificulta e restringe ações abusivas adotadas pelos governantes e gestores na condução das empresas estatais.

Vale ainda ressaltar que a referida Lei trouxe uma seção específica sobre o acionista controlador, que, em seu artigo 14, prevê a obrigação de que o controle societário faça constar no Código de Conduta e Integridade da sociedade empresária, a vedação à divulgação de informações que possam causar impacto na cotação dos títulos da empresa pública ou da Sociedade de economia mista e em suas relações com o mercado ou com consumidores e fornecedores.

Estabelece, ainda, como de responsabilidade do acionista controlador, a necessidade de preservação da independência do Conselho de Administração no exercício de suas atribuições e a necessária observância da política de indicação na escolha dos administradores e membros do Conselho Fiscal previstas na Lei. Tal artigo reflete a intenção de que o acionista controlador tenha postura ativa para o alcance da boa governança corporativa.

Quanto aos abusos de poder do controle societário previstos no art. 117 da Lei n° 6.404/76, em regra, segundo Justen Filho,[247] apesar

---

supremacia encerra um grave risco para a tutela de tais direitos, cuja preservação passa a depender de valorizações altamente subjetivas feitas pelos aplicadores do direito em cada caso. SARMENTO, Daniel. Interesses públicos *vs.* interesses privados na perspectiva da Teoria e da Filosofia Constitucional. *In:* SARMENTO, Daniel (org.). *Interesses públicos versus interesses privados*: desconstruindo o princípio da supremacia do interesse público. Rio de Janeiro: Lumen Juris, 2007.

[246] SCHIRATO, Vitor Rhein. *As empresas estatais no direito administrativo econômico atual*. São Paulo: Saraiva, 2016.

[247] JUSTEN FILHO, Marçal. *A Lei n° 13.303/2016, a criação das empresas estatais e a participação minoritária em empresas privadas. Estatuto jurídico das empresas estatais*. São Paulo: Revista dos Tribunais, 2016.

de conceito genérico, carente de definição legal, resultam de decisões tomadas pelo acionista controlador com a finalidade de prejudicar ou favorecer determinado grupo de acionistas, em detrimento dos interesses e finalidades legítimas da companhia. Nas Sociedades de Economia Mista, Justen Filho[248] considera que não se pode ignorar que há responsabilidade do controle societário quanto ao atendimento do interesse público, publicizado por meio da carta anual, importante documento previsto no art. 8º, I, da Lei nº 13.303/16, como instrumento de transparência.

Já o art. 15 do Estatuto Jurídico das Estatais não apresenta nenhuma novidade, aplicando integralmente o já disposto no art. 117 da Lei nº 6404/76, apenas reforçando que o acionista controlador responderá pelas ações tomadas com abuso de poder. Pode-se depreender que, especificamente nessa seção da Lei nº 13.303/16, não há comandos normativos que rompam, de pronto, a ilimitada intervenção do interesse público, capitaneada pelo acionista controlador.

Não se pode afirmar, contudo, que a Lei das Estatais não trouxe relevantes contribuições. Isso porque, para que se verifique o papel do controle societário no Novo Estatuto Jurídico das Empresas Estatais, é necessário que se analise todo o arcabouço de governança corporativa trazido pela Lei e seus mecanismos de controle que impactam, de forma direta ou indireta, na limitação da atuação considerada, muitas vezes, "incontrastável" do Estado enquanto acionista controlador.[249]

O controle societário, em tese, sempre esteve adstrito às limitações que envolvem o exercício de atividade econômica por empresa estatal, sendo que a Lei nº 6404/76 já apresentava a necessidade de observância do interesse público na condução das Sociedades de Economia Mista. A CF/88 deixou evidenciada a relevância do interesse coletivo como

---

[248] JUSTEN FILHO, Marçal. *A Lei nº 13.303/2016, a criação das empresas estatais e a participação minoritária em empresas privadas. Estatuto jurídico das empresas estatais*. São Paulo: Revista dos Tribunais, 2016.

[249] Sundfeld afirma que o controle societário exercido pelo Estado nas Sociedades de Economia Mista não decorre de uma determinação jurídica, mas de um fenômeno de distorção que se criou ao longo do tempo como rota de fuga para os controles (fiscalizações) típicos da Administração Pública. Nesse sentido, o autor concluiu que "não corresponde a uma ideia de que o controle societário público sobre a sociedade mista deva ser do tipo absolutista, incontrastável, ilimitado. Tal impressão resulta – isto sim – dos hábitos administrativos brasileiros, que traduzem mais a distorção no uso do instituto, decorrente dos desvios de nossa história". SUNDFELD, Carlos Ari. A Participação Privada nas Empresas Estatais. *In*: SUNDFELD, Carlos Ari (coord.). *Direito Administrativo Econômico*. São Paulo: Malheiros, 2000, p. 277.

critério determinante para atuação das estatais, mas ficou ainda pendente de regulamentação prevista no art. 173, §1º da CF/88.

Apenas com o advento do Estatuto Jurídico das Empresas Estatais houve a aguardada contextualização e a consequente objetivação do conceito jurídico indeterminado "relevante interesse coletivo" trazido pelo já mencionado caput do art. 173 da CF/88, ao erigi-lo à condição de protagonista, conceito até então mantido apenas na esfera da discricionariedade do aplicador da norma.

A Lei nº 13.303/16, já no parágrafo 1º do art. 2º, estabelece que a constituição da empresa pública ou das Sociedades de Economia Mista dependerá de prévia autorização legal que indique, de forma clara, o relevante interesse coletivo ou imperativo de segurança nacional, que justifica a sua criação, nos termos do caput do art. 173 da CF.

A Lei das Estatais, em seu art. 27, prevê, ainda, que a função social da empresa pública e Sociedade de economia mista se traduza no interesse coletivo ou no atendimento a imperativo de segurança nacional; e complementa, em seu §1º, que a realização do interesse coletivo deverá ser orientada para:

i) [o] bem-estar econômico;
ii) alocação socialmente eficiente dos recursos geridos pela estatal;
iii) ampliação economicamente sustentada do acesso de consumidores aos produtos e serviços;
iv) desenvolvimento de emprego de tecnologia brasileira para produção e oferta de produtos e serviços, sempre de maneira economicamente justificada;
v) adoção de práticas de sustentabilidade ambiental e de responsabilidade social corporativa compatíveis com o mercado nas entidades que atuam.

Assim, o cumprimento do objeto social da Sociedade de economia mista deve ser exercido em observância à função social, visando o alcance do bem-estar econômico e alocação socialmente eficiente dos recursos geridos pela empresa estatal.

O exercício do controle, segundo Nester,[250] envolve contornos que vão além daqueles previstos em qualquer sociedade anônima. Na empresa estatal, a interferência do acionista controlador extrapola o interesse empresarial (ligado à obtenção do lucro), pois a função social é permeada pelo interesse coletivo que ensejou a sua criação.

---

[250] NESTER, Alexandre Wagner. *The Importance of Interprofessional Practice and Education in the Era of Accountable Care*, v. 77, n. 2, p. 128-32, 2016.

É importante que tais conceitos se entrelacem de forma que a interpretação da Lei nº 13.303/16 congregue o somatório dos interesses que envolvem a Sociedade de economia mista, sendo certo que o interesse maior é aquele voltado à sua função social e aos interesses públicos dela decorrentes.

O interesse público objetivado pelo acionista controlador e sua necessária vinculação ao seu objeto social configura-se uma evolução trazida pela Lei nº 13.303/16, principalmente o reforço à importância da profissionalização da gestão das Sociedades de Economia Mista, com suas estruturas de controle e transparência que permitam maior fiscalização da atuação, tanto do Estado, quanto da empresa estatal, em prol do interesse público, presente formalmente em seus atos societários.

Nesse sentido, o art. 4º, §1º da Lei nº 13.303/16, prevê como motivo de responsabilização do acionista controlador, em caso de descumprimento de interesse público:

> A pessoa jurídica que controla a Sociedade de economia mista tem os deveres e as responsabilidades do acionista controlador estabelecidas na Lei nº 6.404, de 15 de dezembro de 1976, e deverá exercer o poder de controle no interesse da companhia, respeitado o interesse público que justificou a sua criação.[251]

Pertinente salientar, ainda, que a transparência se configura como importante mecanismo de fiscalização da atuação do controle societário, especialmente em razão dos requisitos de transparência previstos pelo art. 8º da Lei nº 13.303/16. Isso porque atos que configurem abuso de poder no exercício do controle societário, especialmente relacionados a interferências do acionista controlador que exorbitem os limites do interesse público descritos nos instrumentos sujeitos a controle, acabam por impor ao controlador maior cuidado e planejamento na verificação da compatibilidade de seus interesses com os do acionista minoritário, dos administradores e *stakeholders*.

Oliveira[252] sustenta que a transparência privilegiará a atuação do Estado sobre as Sociedades de Economia Mista de forma planejada

---

[251] BRASIL. Lei nº 13.303, de 30 de junho de 2016. Dispõe sobre o estatuto jurídico da empresa pública, da Sociedade de economia mista e de suas subsidiárias, no âmbito da União, dos Estados, do Distrito Federal e dos Municípios. *Diário Oficial da União*, Brasília, 01 jul. 2016. p. 2. Disponível em: www.planalto.gov.br/ccivil_03/_Ato2015-2018/2016/Lei/L13303.htm. Acesso em 14 mar. 2018.

[252] OLIVEIRA, Rafael Carvalho Rezende. As licitações na Lei nº 13.303/2016 (Lei das Estatais): mais do mesmo? *Revista Colunistas de Direito do Estado*, n. 230. 2016. Disponível em: http://

e, portanto, adstrita às diretrizes e negócios que necessariamente vinculam sua manutenção enquanto empresa estatal, sob pena de restar configurado abuso de poder do Estado enquanto acionista controlador.

Não resta dúvida de que o grande desafio do controle societário é equilibrar os interesses que coexistem nas Sociedades de Economia Mista. Com o advento do Estatuto Jurídico das Empresas Estatais, a relevância do interesse público e do interesse coletivo na condução das atividades da empresa, associada à exigência de maior transparência em sua atuação, ganha força. Isso acaba por contribuir para o reforço da lógica de que a contradição entre o interesse público e o privado é oposta ao fortalecimento das Sociedades de Economia Mista. Câmara[253] ressalta que, na maioria das vezes, a lucratividade da empresa constitui instrumento fundamental para a realização da atividade de interesse público com uma maior eficiência. E é essa busca do lucro, em prol da realização do interesse público, que constitui uma das principais justificativas para a opção pelo modelo empresarial na Administração Pública.

A discricionariedade apta a justificar escolhas do acionista controlador, pautadas no fundamento do interesse público ilimitado, é utilizada como alicerce para decisões arbitrárias do controle societário que, por vezes, ignoram o interesse privado do investidor e exorbitam os limites de sua atuação. Tal discricionariedade tem, com a nova Lei, limitações relevantes à atuação do acionista controlador, exigindo-lhe maior responsabilidade na condução da Sociedade de economia mista.

A ausência de um sistema de governança pública nessas sociedades e, por conseguinte, a maior ingerência do acionista controlador contribui para que os órgãos societários sejam capturados pelos interesses governamentais, muitas vezes ausentes de crivo imparcial, o que redunda na ausência de (i) políticas públicas aderentes tanto aos resultados financeiros almejados sociedade, e (ii) atividades de interesse público que tenham correlação com o objeto social dessas companhias estatais.

Schirato[254] destaca que o Estado não pode utilizar seu poder para determinar decisões que impliquem em divórcio entre a finalidade que motivou a constituição da Sociedade de economia mista e a atividade

---

www.direitodoestado.com.br/colunistas/rafael-carvalho-rezende-oliveira/as-licitacoes-na-lei-133032016-lei-das-estatais-mais-do-mesmo. Acesso em 7 ago. 2018.

[253] CÂMARA, Jacintho Silveira Dias de Arruda. O lucro nas empresas estatais. *Revista Brasileira de Direito Público* – RPDP, Belo Horizonte, ano 10, n. 37, abr./jun. 2012. Disponível em: http://www.direitodoestado.com.br/codrevista.asp?cod=732. Acesso em: 10 ago. 2018.

[254] SCHIRATO, Vitor Rhein. *As empresas estatais no direito administrativo econômico atual*. São Paulo: Saraiva, 2016.

por ela realizada. Ainda é necessário haver, na atuação do acionista controlador, o sopesamento do direito dos acionistas minoritários que, como regra, se contrapõe aos interesses do Estado. Conforme já explicitado, o abuso de poder do Estado enquanto acionista controlador, principalmente na aferição do interesse público é, muitas vezes, arbitrário e, por isso, motivador de desequilíbrios ou inconformidades na condução da política pública, podendo redundar em prejuízos financeiros para a Sociedade de economia mista e, por conseguinte, em perda de sua credibilidade enquanto entidade empresarial.

Não se pode olvidar que a Lei nº 6.404/76 trouxe importantes avanços no estabelecimento de normas que responsabilizam a atuação do acionista controlador que age com abuso de poder, recomendando que o exercício de suas atividades seja voltado ao interesse público. A Lei nº 13.303/16 apresenta, mesmo que de forma implícita, uma evolução no estabelecimento do papel do acionista controlador nas Sociedades de Economia Mista e na efetividade prática da definição de situações que configurem abuso de poder de controles.

Com o advento da Lei das Estatais, suas diretrizes de governança e referências constantes à necessária observância dos interesses público e coletivo, a atuação do acionista controlador e seus órgãos societários tem, agora, o desafio de se reinventar enquanto poder soberano e encontrar o limite da atuação pública e privada nessas sociedades.

É importante que se reflita que a Lei nº 13.303/16 não trouxe novidade que signifique mudança dos rumos legislativos da atuação das Sociedades de Economia Mista. A Lei apenas tornou mais evidente a importância da estruturação da atuação da empresa em regramento próprio, nos termos do disposto na CF/88, tornando-se a Lei das Estatais, norma geral aplicável a essas empresas.

4.2.3 Profissionalização dos administradores: Lei nº 13.303/16 e a mudança de paradigma na gestão das Sociedades de Economia Mista

Como tentativa de conferir maior confiabilidade ao mercado e visando o consequente aumento da eficiência atrelada à transparência e à lisura na atuação das companhias estatais, a Lei das Estatais reforçou a relevância da participação e da responsabilidade de seus administradores[255] e, em contrapartida, trouxe requisitos prévios à investidura dos membros do conselho de administração e diretoria.

O art. 16 da Lei nº 13.303/16[256] estabelece que o administrador das empresas públicas e Sociedades de Economia Mista, para além das regras dispostas na referida Lei, deve se submeter à Lei nº 6.404/1976, considerando administradores os membros do Conselho de Administração e Diretoria.

Isso quer dizer que prevalecem as regras do art. 138 da Lei das S.A., sendo competência da Diretoria a administração da companhia, isoladamente, ou, se assim dispuser o Estatuto, em conjunto com o Conselho de Administração. No entanto, somente a Diretoria representa a companhia (art. 138, §1º). É compulsória a instalação do Conselho de Administração em companhias abertas e de capital autorizado (art. 138, §2º), assim como nas Sociedades de Economia Mista (art. 239, *caput*).

Quanto às competências, o art. 142 da Lei das S.A. define as competências do Conselho de Administração, dentre as quais está a de eleger e destituir os diretores da Companhia e fixar suas atribuições com observância das disposições estatutárias. A Lei das S.A., em seus artigos 140 a 160, dispõe sobre a forma de eleição dos Conselheiros e Diretores, impedimentos, remuneração, deveres e responsabilidades. Fica reservado ao Estatuto a definição do número exato de diretores, o modo de substituição, o prazo de gestão e a competência de cada um deles, conforme determina o art. 143 da Lei das S.A.

A grande inovação trazida pela Lei nº 13.303/16 fica a cargo do art. 17, §1º, que estabelece requisitos prévios a serem atendidos pelos indicados a administradores das empresas estatais, o que configura o fortalecimento e o aumento da relevância e efetividade da atuação desses órgãos societários nos resultados da empresa estatal.

A mudança se dá na medida em que são exigidos requisitos prévios para aferição da expertise/experiência pretérita desses profissionais em

---

[255] Pareceres de orientação nº 35 de 1.09.2008 e nº 36 de 23.06.2009. Tais pareceres reforçam a ideia de fortalecimento do papel dos administradores nas companhias e a consequente mitigação de poderes do controlador, o que se percebe na Lei nº 13.303/16, pelo reforço à figura dos administradores.

[256] Art. 16. Sem prejuízo do disposto nesta Lei, o administrador de empresa pública e de Sociedade de economia mista é submetido às normas previstas na Lei nº 6.404, de 15 de dezembro de 1976.
Parágrafo único. Consideram-se administradores da empresa pública e da Sociedade de economia mista os membros do Conselho de Administração e da diretoria. (BRASIL. Lei nº 6.404, de 15 de dezembro de 1976. Dispõe sobre as Sociedades por Ações. *Diário Oficial da União*, Brasília, 17 dez. 1976. Disponível em: http://www.planalto.gov.br/ccivil/LEIS/L6404consol.htm. Acesso em 13 nov. 2018).

cargos que exijam similar atuação. O artigo divide-se em requisitos subjetivos e objetivos e Pereira Junior et al[257] referem-se aos requisitos subjetivos sendo voltados à comprovação de reputação ilibada e notório conhecimento, cuja avaliação pressupõe a interpretação jurídica e não propriamente a discricionariedade – cujo controle, inclusive judicial, se mostra plenamente possível. Já os requisitos de natureza objetiva, dispostos no artigo, referem-se à formação e à experiência das pessoas indicadas, aferíveis mediante comprovações documentais sendo, portanto, isentos de interpretação.

Os requisitos subjetivos, reputação ilibada e notório conhecimento, devem ser atendidos cumulativamente, o que não significa dizer que estejam sujeitos à discricionariedade, já que, nesses casos, é necessário, para além da conveniência e oportunidade, que sejam verificadas as referidas condicionantes, cabendo sobre elas avaliação que respalde a opção, sob pena de nulidade na escolha do administrador.

A reputação ilibada diz respeito aos aspectos morais, seja sob o ponto de vista da moral administrativa, seja sob o ponto de vista da moral comum e, portanto, não se relaciona diretamente com a *expertise* profissional. Já o notório conhecimento, de acordo com Pereira Junior *et al*,[258] refere-se ao conhecimento suficiente do indicado, a ponto de ser por ele conhecido, devendo o conhecimento apresentado ter relação com os temas afetos à atividade empresarial da empresa estatal.

Já quanto aos requisitos objetivos, estes estão relacionados especificamente aos aspectos profissionais e funcionais do profissional indicado. Também são requisitos que devem ser atendidos cumulativamente: (i) experiência profissional mínima (art. 17, I, da Lei n° 13.303/2016); (ii) formação acadêmica compatível com o cargo para o qual foi indicado (art. 17, II, da Lei n° 13.303/2016; e (iii) não enquadramento em qualquer das hipóteses de inelegibilidade previstas nas alíneas do art. 1° da Lei Complementar n° 64/1990,[259] com redação dada pela Lei Complementar n° 35/2010.

---

[257] PEREIRA JÚNIOR, Jessé Torres *et al*. *Comentários à Lei das Empresas Estatais*: Lei n° 13.303/16. Belo Horizonte: Fórum, 2018.

[258] PEREIRA JÚNIOR, Jessé Torres *et al*. *Comentários à Lei das Empresas Estatais*: Lei n° 13.303/16. Belo Horizonte: Fórum, 2018.

[259] Lei Complementar n° 64 de 18.05.1990 dispõe de acordo com o art. 14, §9° da Constituição Federal, os casos de inelegibilidade, prazos de cessação, e determina outras providências. Os casos de inelegibilidade estão previstos em seu art. 1°. (BRASIL. Lei complementar n° 64, de 18 de maio de 1990. Estabelece, de acordo com o art. 14, §9° da Constituição Federal, casos de inelegibilidade, prazos de cessação, e determina outras providências. *Diário Oficial da união*, Brasília, 21 mai. 1990. Disponível em: http://www.planalto.gov.br/ccivil_03/leis/lcp/lcp64.htm#:~:text=LEI%20COMPLEMENTAR%20N%C2%BA%2064%2C%20DE%20

Quanto à comprovação de experiência profissional, a Lei n° 13.303/16 determina que o indicado tenha, alternativamente, mínimo de:

> i) 10 (dez) anos, no setor público ou privado, na área de atuação da empresa pública ou da Sociedade de economia mista ou em área conexa àquela para a qual forem indicados em função de direção superior (art. 17, I, a);
> ii) 4 (quatro) anos ocupando pelo menos um dos seguintes cargos:
> 1) cargos de direção ou chefia superior em empresa de porte ou objeto social semelhante ao da empresa ou Sociedade de economia mista, entendendo-se como cargo de chefia superior aquele situado nos dois níveis hierárquicos superiores não estatutários mais altos da empresa;
> 2) cargo em comissão ou função equivalente a DAS-4 ou superior, no setor público;
> 3) cargo de docente ou pesquisador em áreas de atuação da empresa pública ou da sociedade de economia mista;
> 4) quatro anos de experiência como profissional liberal em atividade direta ou indiretamente vinculada à área de atuação da empresa pública ou Sociedade de economia mista (art. 17, I, b).

Soma-se a isso, a exigência de formação acadêmica compatível com o cargo e o não enquadramento nas hipóteses legais de inelegibilidade previstas na Lei Complementar n° 64 de 18 de maio de 1990.

Ainda, para além dos requisitos a serem observados para ingresso como administradores devem ainda, no exercício de suas atribuições, nos termos de seu art. 8°, §1°, atuarem em linha com seus objetivos empresariais e aqueles de políticas públicas, justificadores de sua criação enquanto entidade da Administração Pública.

Há, ainda, importantes vedações taxativas dispostas no art. 17, §2°, especificamente relacionadas à indicação de membros para o conselho de administração e diretoria que, ao serem aplicadas conjuntamente com os pré-requisitos para indicação, tornam-se medidas de relevante impacto na qualificação e isenção na atuação desses órgãos, seja do ponto de vista político partidário, seja em decorrência de conflito de interesses ou que, de alguma forma, possam exercer influência sobre as deliberações da estatal, como é o caso da proibição de indicação de pessoa que tenha exercido cargo em organização sindical.[260]

18%20DE%20MAIO%20DE%201990&text=Estabelece%2C%20de%20acordo%20com%20o,cessa%C3%A7%C3%A3o%2C%20e%20determina%20outras%20provid%C3%AAncias. Acesso em 13 nov. 2018).

[260] Art. 17, §2°, III, p. 06. BRASIL. Lei n° 13.303, de 30 de junho de 2016. Dispõe sobre o estatuto jurídico da empresa pública, da sociedade de economia mista e de suas subsidiárias, no

O intuito das vedações é minimizar também o risco de decisões dissonantes e ou conflituosas com os interesses da sociedade e de seu papel no contexto estatal. Assim, em geral, as vedações[261] se prestam a inibir a corrupção e o tráfico de influência, com a participação daqueles que, de alguma forma, possam trazer interferências político partidárias, ou que possuam interesses conflitantes tanto com o ente controlador quanto com a própria empresa controlada.

Especificamente em relação às Sociedades de Economia Mista, a importância da exigência de pré-qualificações para escolha dos administradores, bem como as vedações para além dos motivos anteriormente explicitados, busca reduzir a interferência ilimitada do Estado, enquanto acionista controlador, nos rumos de atuação da empresa, e assim promover maior equilíbrio entre o interesse público e o privado, com diretrizes e planos de atuação mais bem estruturados.

Ressalta-se que não se está defendendo a ausência de interferência do Estado nas diretrizes e ações a serem adotadas pelas sociedades de economia mista, mas sim, está-se afirmando que a ingerência consubstanciada na escolha de administradores que possuam vinculação partidária ou ainda ligados ao primeiro escalão do Poder Executivo (independentemente do preenchimento dos requisitos de pré-qualificação exigidos pela Lei), comprometem a isenção necessária para que seja avaliada a pertinência do interesse público, pautado em fundamentos jurídicos e técnicos que sejam capazes de fundamentar as decisões.

âmbito da União, dos Estados, do Distrito Federal e dos Municípios. *Diário Oficial da União*, Brasília, 01 jul. 2016. Disponível em: www.planalto.gov.br/ccivil_03/_Ato2015-2018/2016/Lei/L13303.htm. Acesso em 14 mar. 2018.

[261] Art. 17 (...)
§2º É vedada a indicação, para o Conselho de Administração e para a diretoria: I – de representante do órgão regulador ao qual a empresa pública ou a sociedade de economia mista está sujeita, de Ministro de Estado, de Secretário de Estado, de Secretário Municipal, de titular de cargo, sem vínculo permanente com o serviço público, de natureza especial ou de direção e assessoramento superior na administração pública, de dirigente estatutário de partido político e de titular de mandato no Poder Legislativo de qualquer ente da federação, ainda que licenciados do cargo; II – De pessoa que atuou, nos últimos 36 (trinta e seis) meses, como participante de estrutura decisória de partido político ou em trabalho vinculado a organização, estruturação e realização de campanha eleitoral; III – de pessoa que exerça cargo em organização sindical; IV – De pessoa que tenha firmado contrato ou parceria, como fornecedor ou comprador, demandante ou ofertante, de bens ou serviços de qualquer natureza, com a pessoa político-administrativa controladora da empresa pública ou da Sociedade de economia mista ou com a própria empresa ou sociedade em período inferior a 3 (três) anos antes da data de nomeação; V – De pessoa que tenha ou possa ter qualquer forma de conflito de interesse com a pessoa político-administrativa controladora da empresa pública ou da Sociedade de economia mista ou com a própria empresa ou sociedade. §3º A vedação prevista no inciso I do §2º estende-se também aos parentes consanguíneos ou afins até o terceiro grau das pessoas nele mencionadas.

Inegável ainda que, além dos critérios e vedações anteriormente explicitados para escolha dos administradores das empresas estatais, que evidentemente conferem moralidade, transparência e profissionalização da gestão das companhias, não se pode ignorar que a solução, por si só, não será capaz de resolver o problema de desvirtuamento dos objetivos públicos em sacrifico aos interesses privados legitimamente protegidos.

Assim, os ganhos de autonomia, profissionalização e, por conseguinte, eficiência nessas sociedades empresariais podem vir acompanhados de um distanciamento do interesse público, transformando essas empresas em privadas, mas integrantes da Administração Pública, o que seria uma anomalia jurídica.

Ainda, poder-se-ia imaginar que a necessidade de resultados econômicos e financeiros positivos possa significar risco de captura desses profissionais pelo mercado privado, uma vez que, premidos pelo objetivo mediato de lucro, se vejam cada vez mais ligados a investimentos com conotação concorrencial, que não necessariamente estejam relacionados à finalidade de interesse público que deveria nortear sua atuação.

É bem verdade que a citada Lei[262] exige que sejam explicitados na carta anual os compromissos para atendimento dos objetivos de políticas públicas pelas Sociedades de Economia Mista e suas subsidiárias, em atendimento ao interesse coletivo ou imperativo de segurança nacional previsto em seu objeto social. Contudo, é sabido que não basta a previsão, em documentos públicos, dos objetivos almejados pela estatal, caso o controle não esteja alinhado com o interesse público a ser alcançado.

Nesse sentido, Pinto[263] explica que haveria risco de que determinados projetos e soluções aventadas pela Sociedade de economia mista, em certa medida, acabem distanciando o Estado de sua administração.

Ainda, o interesse público enquanto finalidade pode atingir certa abstração, ou seja, a depender dos interesses da empresa estatal, podem ser inseridos objetivos que, não obstante terem relação com o

---

[262] BRASIL. Lei nº 13.303, de 30 de junho de 2016. Dispõe sobre o estatuto jurídico da empresa pública, da Sociedade de economia mista e de suas subsidiárias, no âmbito da União, dos Estados, do Distrito Federal e dos Municípios. *Diário Oficial da União*, Brasília, 01 jul. 2016. Disponível em: www.planalto.gov.br/ccivil_03/_Ato2015-2018/2016/Lei/L13303.htm. Acesso em 14 mar. 2018.

[263] COSTA PINTO, Vitor Mendes. Governança Corporativa e Empresas Estatais: recentes avanços e desafios. *Revista de Direito Mercantil* 166/167, Editora Malheiros, p. 207, ago. de 2013/jul.2014. Disponível em: Disponível em: file:///C:/Users/carolinadolabela/Downloads/133718-Texto%20do%20artigo-423343-1-10-20200724.pdf. Acesso em 15 nov. 2018.

objeto social da empresa, não mantenham relação com a finalidade de interesse público objetivado pelo Estado.

Seria, no entanto, mais uma vez temerário não se reconhecer o expressivo avanço trazido pela Lei, mas, ao mesmo tempo, não se pode ignorar a possibilidade de que mesmo uma gestão profissionalizada e comprometida com as metas e resultados econômicos das Sociedades de Economia Mista, não disponha de conhecimento e respaldo necessários para a averiguação da necessidade de atendimento do interesse público, objetivo finalístico dessas estatais.

Soma-se a isso a dificuldade de detecção de quais seriam os interesses públicos a serem considerados como finalidade da atuação das Sociedades de Economia mista, por ser ação pouco corriqueira e palpável até aos mais experientes administradores públicos. Espera-se que a Lei 13.303/16 e suas contribuições voltadas à profissionalização da gestão das empresas estatais sejam capazes de tronar efetiva a função pública dessas entidades, sem ocasionar a perda de sua identidade empresarial.

4.3 Controle interno

Não resta dúvida que a Lei n° 13.303/16, ao trazer a governança corporativa como reforço à transparência e aos mecanismos de controle, atrelados à profissionalização dos administradores das sociedades, como forma de atribuir executoriedade a toda estrutura idealizada pela Lei, confere certo "protagonismo" à atuação do controle, especialmente o interno.[264]

O Estatuto Jurídico das Estatais privilegia a estrutura organizacional dessas entidades, especialmente quanto às regras gerais atinentes à transparência, (art. 8°), governança corporativa (art. 8°, inc. III e VIII), estruturas, práticas de gestão de riscos e controle interno (art. 9°), deixando evidente a interligação entre elas e a impossibilidade de, sob pena de torná-las sem efeito, serem avaliadas de forma estanque e dissociadas do contexto sistêmico em que se insere a Sociedade de economia mista.

O controle interno, nos termos do art. 9°, deverá adotar regras que abranjam: (i) a ação dos administradores e empregados, por meio

---

[264] PACHECO E SILVA, Maria Hermínia Penteado. *Estatuto jurídico das empresas estatais*. 2018. Disponível em: http://editoracontracorrente.com.br/pdf/livro32.pdf. Acesso em 12 dez. 2018.

da implementação de práticas de controle interno; (ii) área responsável pela verificação de cumprimento de obrigações e gestão de riscos; e (iii) auditoria interna e comitê de auditoria estatutário, práticas que se prestam a garantir uma atuação responsável e controlada por parte das empresas estatais, e que, associadas à transparência, contribuam para o estabelecimento de vínculo formal e de responsabilidade aos administradores, inibindo eventuais práticas inidôneas, motivo principal do estabelecimento de regras de *Compliance*. Segundo Candeloro, Rizzo e Pinho, *Compliance* "é um conjunto de regras, padrões, procedimentos éticos e legais, que, uma vez definidos e implantados, serão a linha mestra que orientará o comportamento da instituição no mercado em que atua, bem como a atitude dos seus funcionários".[265]

Contudo, é importante salientar que o papel do controle interno nas Sociedades de Economia Mista vai muito além do estabelecimento e verificação do cumprimento de regras corporativas pela sociedade em prol da garantia de maior transparência e lisura em suas relações. Possui, ainda, participação relevante no estabelecimento de normas que contribuam para o desenvolvimento da atuação da empresa, tanto em conformidade com as condições e diretrizes econômico-financeiras quanto com os objetivos voltados à consecução de políticas públicas.

Por isso, é acertada a perspectiva de que cabe ao controle interno, assessorado pela transparência materializada no art. 8º, a verificação, no caso concreto, da aderência societária aos objetivos ligados à consecução de políticas públicas. Todavia, controle interno não é panaceia que, por si só, evitará todos os problemas de desvios, fraudes e malversação do patrimônio público, uma vez que possui limitações a ele inerentes, uma vez que se presta a governar os acontecimentos dentro da organização que tenham potencial para impactar em seus objetivos.[266]

Poder-se-ia afirmar que, como o controle interno é limitado por seu universo de atuação, não seria capaz de aferir a comprometimento do Estado (acionista controlador) em relação aos objetivos que transcendem a administração da entidade. No entanto, isso não é em sua integralidade verdade. O controle interno das empresas estatais, ao atuar buscando reduzir a incerteza do controle externo sobre a atuação

---

[265] CANDELORO, Ana Paula P.; RIZZO, Maria Balbina Martins de; PINHO, Vinícius. *Compliance 360º*: riscos, estratégias, conflitos e vaidades no mundo corporativo. São Paulo: Trevisan Editora Universitária, 2012. p. 30.

[266] TRIBUNAL DE CONTAS DA UNIÃO. *Controle interno na administração pública – TCU*. 2009. p. 61. Disponível em: https://revista.tcu.gov.br/ojs/index.php/RTCU/article/view/250/236. Acesso em 1 jan. 2018.

interna da empresa, acaba fornecendo subsídios importantes para que seja possível a aferição de todas as partes interessadas, tanto no que se refere aos objetivos empresariais quanto no que se refere aos objetivos públicos a que a empresa está vinculada.

Assim, o exercício do controle interno voltado à verificação do atendimento aos objetivos internos da Sociedade de economia mista deve verificar, inevitavelmente, a execução das atividades e seus fluxos procedimentais, cujo objetivo finalístico deve ser o atendimento do interesse público.

Há, todavia, limites que devem ser observados pelo controle interno, conforme previsto no art. 89 da Lei nº 13.303/16, segundo o qual a atuação do controle não poderá ensejar redução ou supressão da autonomia conferida pela lei que autorizou a criação da entidade supervisionada ou da autonomia inerente à sua natureza.[267]

Quanto ao controle externo, Pacheco e Silva[268] ponderam que não há mudanças relevantes em sua atuação, não havendo alterações ou adaptações relevantes na forma de fiscalização pelos órgãos de controle interno de cada esfera de governo, o Tribunal de Contas e a coletividade. Os artigos 85 a 90 do Estatuto Jurídico das Empresas Estatais tratam da fiscalização exercida pelo controle externo, inclusive com participação da sociedade.

Nesse âmbito, a Lei não cria novos controles, apenas explicita que o controle externo é formado pelo Tribunal de Contas, pelo Ministério Público e pela Comissão de Valores Mobiliários, para as empresas que atuam junto ao mercado de capitais e aos órgãos a que as sociedades empresárias se vinculam por coordenação no âmbito da Administração Pública Direta.

Bitencourt Neto[269] explica que a efetividade do controle externo, especialmente em relação ao controle social, tende a torná-lo mais

---

[267] BRASIL. Lei nº 13.303, de 30 de junho de 2016. Dispõe sobre o estatuto jurídico da empresa pública, da Sociedade de economia mista e de suas subsidiárias, no âmbito da União, dos Estados, do Distrito Federal e dos Municípios. *Diário Oficial da União*, Brasília, 01 jul. 2016. Disponível em: www.planalto.gov.br/ccivil_03/_Ato2015-2018/2016/Lei/L13303.htm. Acesso em 14 mar. 2018.

[268] PACHECO E SILVA, Maria Hermínia Penteado. *Estatuto jurídico das empresas estatais*. 2018. Disponível em: http://editoracontracorrente.com.br/pdf/livro32.pdf. Acesso em 12 dez. 2018.

[269] BITENCOURT NETO, Eurico. A Administração Pública concertada. *In*: GOMES, Carla Amado; NEVES, Ana Fernanda; BITENCOURT NETO, Eurico (Coord.). *A Prevenção da Corrupção e outros desafios à boa governança da Administração Pública*. Ed. Instituto, de Ciências Jurídico - Políticas – CIP e Centro de Investigação de Direito Público – CIDP, Faculdade de Direito, Universidade de Lisboa, 2018.

participativo, dada a noção cada vez mais necessária de uma administração pública dialógica e amadurecida, em sintonia com a transformação da Administração contemporânea,[270] expressa na revalorização dos particulares e das instituições na realização do interesse público.

4.4 Transparência

A transparência trata-se de uma importante diretriz da governança corporativa, especialmente responsável por conferir um arcabouço legal e regulatório para as empresas estatais.[271] O art. 8º da Lei nº 6.404/76, citado por Cardoso,[272] já trazia várias exigências e requisitos voltados à transparência na criação e atuação das Sociedades de Economia Mista.

Segundo o Tribunal de Contas da União, em Relatório Sistêmico sobre Transparência Pública,[273] publicado em 2018, a transparência exerce um papel fundamental no combate à corrupção, além de propiciar contribuição tempestiva da sociedade e dos órgãos de controle no fornecimento de elementos para que o Estado seja cada vez mais eficiente.

O Relatório Sistêmico contém uma consolidação dos resultados do Tribunal de Contas da União (TCU) em relação ao tema

---

[270] Bitencourt Neto afirma que "entre as grandes transformações por que passou a Administração Pública pós-liberal está a valorização da participação, da negociação e da busca de consenso nos procedimentos de decisão administrativa, fenômeno que se pode chamar de administração concertada". Ainda segundo o autor, se a Administração contemporânea busca valorização dos particulares e das instituições da sociedade, é necessário o reconhecimento de novos meios e de novas condicionantes para a busca dos fins constitucionais, sem que se reconheça no Estado o detentor do monopólio da concretização do interesse público, abrindo-se instrumentos de participação de particulares nos processos de decisão pública. (BITENCOURT NETO, Eurico. A Administração Pública concertada. In: GOMES, Carla Amado; NEVES, Ana Fernanda; BITENCOURT NETO, Eurico (Coord.). A Prevenção da Corrupção e outros desafios à boa governança da Administração Pública. Ed. Instituto, de Ciências Jurídico – Políticas – CIP e Centro de Investigação de Direito Público – CIDP, Faculdade de Direito, Universidade de Lisboa, 2018. p. 10).

[271] Conforme relatado por Fontes Filho e Picolin, as Diretrizes da OCDE para governança corporativa de empresas estatais propostas em 2005, preveem uma estrutura legal e regulatória efetiva para as empresas estatais, quais sejam: (i) Estado atuando como proprietário; (ii) equidade no tratamento de acionistas; (iii) relações com *stakeholders*; (iv) transparência e abertura de informações (*disclosure*) e (v) responsabilidade dos conselhos. (FONTES FILHO, J. R.; PICOLIN, L. M. Governança corporativa em empresas estatais: avanços, propostas e limitações. *Revista de Administração Pública*, v. 42, n. 6, p. 1163-1188, 2008).

[272] CARDOSO, Patrícia Pires. *Descentralização das atividades estatais e a superação do conceito subjetivo de administração pública*. 2017. Disponível em: http://www.ambitojuridico.com.br/site/index.php/mnt/?n_link=revista_artigos_leitura&artigo_id=2622&revista_caderno=4. Acesso em 11 nov. 2018.

[273] TRIBUNAL DE CONTAS DA UNIÃO. *Relatório sistêmico sobre Transparência Pública*. Disponível em: https://portal.tcu.gov.br/lumis/portal/file/fileDownload. Acesso em 07 mar. 2019.

transparência, permitindo identificar os avanços e desafios enfrentados pela Administração Pública no alcance da governança. Segundo a conclusão apresentada, a falta de transparência nas organizações públicas possibilita a ocorrência de desvios e fraudes e muitos dos problemas encontrados poderiam ter sido evitados, caso houvesse transparência nos processos utilizados na motivação dos atos e compreensão da tomada de decisão.

A transparência integra o Estatuto Jurídico das Empresas Estatais, sendo importante instrumento à efetividade da governança corporativa, posto que, por meio do acesso simétrico à informação, podem ser adotadas ações que privilegiem a supervisão das atividades da estatal e favoreçam o exercício do controle interno, na medida em que possibilitam o acesso às informações, favorecendo a tomada de decisões responsivas.

Quanto à forma de acesso e aquisição de informações públicas, seguindo o estabelecido no art. 8º, §4º, da Lei de Acesso à Informação (Lei nº 12.527/11),[274] os documentos resultantes do cumprimento dos requisitos de transparência constantes dos incisos I a IX do caput deverão ser publicamente divulgados na internet de forma permanente e cumulativa.

Já o §1º do art. 85 confere aos órgãos de controle amplo acesso para realização de sua atividade fiscalizatória, concedendo acesso irrestrito aos documentos e às informações necessárias para a realização dos trabalhos, abrangendo, inclusive, os documentos classificados como sigilosos.

A transparência traduz-se na Lei nº 13.303/16, especificamente nos requisitos mínimos exigidos em seu art. 8º, que conduzem à melhor gestão do controle, principalmente o societário. Assim, para garantia de seu adequado e eficaz exercício, são exigidas as seguintes providências:[275]

---

[274] BRASIL. Lei nº 12.527, de 11 de outubro de 2011. Altera o art. 28 da Lei nº 11.196, de 21 de novembro de 2005, para incluir no Programa de Inclusão Digital *tablet PC* produzido no País conforme processo produtivo básico estabelecido pelo Poder Executivo; altera as Leis nº 10.833, de 29 de dezembro de 2003, nº 11.482, de 31 de maio de 2007, nº 11.508, de 20 de julho de 2007, e nº 8.212, de 24 de julho de 1991; e revoga dispositivo da Medida Provisória nº 540, de 2 de agosto de 2011. *Diário Oficial da União*, Brasília, 13 out. 2011. Disponível em: http://www.planalto.gov.br/ccivil_03/_ato2011-2014/2011/lei/l12507.htm. Acesso em 14 mar. 2018.

[275] BRASIL. Lei nº 13.303, de 30 de junho de 2016. Dispõe sobre o estatuto jurídico da empresa pública, da Sociedade de economia mista e de suas subsidiárias, no âmbito da União, dos Estados, do Distrito Federal e dos Municípios. *Diário Oficial da União*, Brasília, 01 jul. 2016. Disponível em: www.planalto.gov.br/ccivil_03/_Ato2015-2018/2016/Lei/L13303.htm. Acesso em 14 mar. 2018.

i) elaboração de carta anual subscrita pelos membros do Conselho de Administração, com explicitação dos compromissos de consecução de objetivos de políticas públicas pelas empresas estatais em atendimento ao interesse público e ao imperativo de segurança nacional;
ii) adequação do estatuto social à autorização legislativa de sua criação;
iii) divulgação de política de divulgação de informações;
iv) elaboração de política de dividendos em conformidade com o interesse público que justificou a criação da empresa estatal;
v) divulgação de demonstração financeira, de dados operacionais e financeiros das atividades relacionadas à consecução do interesse coletivo;
vi) elaboração e divulgação de política de transação com partes relacionadas e divulgação ampla, ao público em geral, de carta anual de governança e divulgação anual do relatório de sustentabilidade.

À transparência na Lei das Estatais não lhes confere um dever passivo, em que a empresa informa algo apenas se for perguntada a respeito. Ao contrário, é dever ativo, que envolve a necessidade de comunicar, de modo institucional e regular, todas as informações relevantes acerca do funcionamento dessas empresas. É um dever multifacetado.

Pode-se depreender que a transparência na Lei das Estatais ganha contornos evidentes de concretude, na medida em que uma série de ações encadeadas devem ser realizadas, de forma a conferir efetividade ao exercício da transparência, já que não basta a disponibilização de informações desencontradas e, ainda, que não permitam que seja avaliada toda a conjuntura de interesses e decisões que circundam a empresa estatal.

Segundo Ferraz,[276] um dos aspectos significativos da Lei nº 13.303/16 foi pormenorizar as regras de fiscalização e transparência na governança corporativa das empresas estatais, de forma a evitar conflitos de interesses e permitir controle tempestivo das decisões estratégicas. Por esta razão, a transparência configura-se como importante mecanismo tanto à disposição do controle quanto de proteção da empresa em relação ao interesse econômico e ao interesse público. Além do resultado da transparência verificado no controle interno, é inegável que sua grande contribuição se encontra especialmente no controle social, que se utiliza dessa ferramenta para fiscalização da atuação da Administração Pública.

---

[276] FERRAZ, L. *Novo estatuto das empresas estatais é constitucional.* 2017. Disponível em: https://www.conjur.com.br/2017-jul-20/interesse-publico-estatuto-empresas-estatais-constitucional. Acesso em: 13 dez. 2018.

Independentemente do arcabouço legal criado com a Lei nº 13.303/16, para que a transparência cumpra a sua finalidade para além de disponibilizar documentos, é necessário que a mudança envolva a compreensão, tanto social quanto política e econômica do papel e dos limites da atuação dessas empresas no cenário nacional.

A Lei nº 13.303/16 configura-se como medida legislativa que reforça a importância da transparência como requisito para a concretização de atividades que, se não existentes nas estatais, precisam ser agora elaboradas e divulgadas, de forma a favorecer a profissionalização e a fiscalização da Sociedade de economia mista

4.5 Objetivação do conceito de "interesse coletivo" trazido pela Lei nº 13.303/16

A Lei das Estatais, em seu art. 2º, como reforçam Chagas e Dias,[277] conjuga a previsão do art. 37, XIX e do art. 173, §1º da CF/1988, ao prever que a exploração da atividade econômica pelo Estado será exercida por meio de empresa pública, Sociedade de economia mista e suas subsidiárias, estabelecendo, ainda, a necessidade de, junto à lei que autoriza a sua criação, haver indicação expressa do interesse coletivo e imperativo de segurança nacional que justifique a sua atuação.

Segundo Justen Filho,[278] as leis que autorizam a criação de empresas estatais devem prever expressamente, com a Lei nº 13.303/16, o relevante interesse coletivo que subsidia a sua criação, com base na conceituação da atividade a ser desempenhada. Isso significa que se encontra vedada a existência de previsões genéricas e indeterminadas que não esclareçam o pressuposto invocado, devendo explicitar o seu conteúdo, inclusive com pressupostos fáticos que demonstrem que o exercício da atividade possui interesse coletivo apto a redundar no alcance de sua finalidade pública.

É relevante destacar, ainda, a redação do art. 27, segundo a qual a função social dessas entidades consistirá na realização do interesse coletivo ou de atendimento a imperativo de segurança nacional expressa

---

[277] CHAGAS, Carolina F. Dolabela; DIAS, Maria Tereza Fonseca. *O relevante interesse coletivo nas atividades econômicas das empresas estatais após o advento da Lei nº 13.303/2016 ("estatuto jurídico das estatais")*. 2018. Disponível em: www.indexlaw.org/index.php/revistaddsus/article/view/4139. Acesso em 11 mai. 2018.

[278] JUSTEN FILHO, Marçal. *A Lei nº 13.303/2016, a criação das empresas estatais e a participação minoritária em empresas privadas. Estatuto jurídico das empresas estatais.* São Paulo: Revista dos Tribunais, 2016.

no instrumento de autorização legal para a sua criação. O parágrafo 1º e 2º do referido artigo determina que o interesse coletivo deve ser orientado para o alcance de finalidades que observem os seguintes pressupostos: (i) bem estar econômico; (ii) alocação socialmente eficiente dos recursos geridos pela estatal; (iii) ampliação economicamente sustentada do acesso de consumidores aos produtos e serviços; (iv) desenvolvimento de emprego de tecnologia brasileira para produção e oferta de produtos e serviços, sempre de maneira economicamente justificada; (v) adoção de práticas de sustentabilidade ambiental e de responsabilidade social corporativa, compatíveis com o mercado nas entidades que atuam.

Pode-se enaltecer que o interesse público e o interesse coletivo, direcionadores e, ao mesmo tempo, limitadores da atuação da empresa estatal, com maior enfoque, neste trabalho, às Sociedades de Economia Mista, são premissas já previstas na Constituição da República Federativa de 1988,[279] mas que necessitavam de regulamentação por Lei, conforme explicitado pelo texto constitucional, que fosse capaz de estabelecer parâmetros direcionadores da atuação desses conceitos jurídicos indeterminados, de forma a contribuir para uma gestão mais eficiente dessas sociedades e, ao mesmo tempo, estabelecer diretrizes que respeitem tanto o contexto empresarial quanto o social atrelado a essas entidades.

Como exemplo da dificuldade e ainda da ausência de clarividência quanto aos limites da insurgência das Sociedades de Economia Mista na exploração da atividade econômica, tem-se, como exemplo, a exploração da atividade de certificação digital[280] por Sociedades de Economia Mista voltadas à atividade de tecnologia da informação.

Especificamente, a Companhia de Tecnologia da Informação do Estado de Minas Gerais, desde o ano de 2004, atua na atividade econômica de venda de certificados digitais, sendo sua, no âmbito

---

[279] Art. 173, caput e §1º da CRFB1988. (BRASIL. Constituição da República Federativa do Brasil de 1988. *Diário Oficial da União*, Brasília, 05 out. 1988. Disponível em: http://www.planalto.gov.br/ccivil_03/constituicao/constituicaocompilado.htm. Acesso em 14 mar. 2018).

[280] A Certificação Digital é a tecnologia que permite que as transações eletrônicas sejam realizadas com segurança, por meio de algoritmos matemáticos capazes de garantir que as informações sejam manipuladas com autenticidade, integridade e confiabilidade. Serviços governamentais como tramitações eletrônicas de documentos oficiais também têm sido amplamente utilizados. E-mails, envios de documentação, abertura e fechamento de negócios, entre uma série de outras aplicações fortalecem a importância do Certificado Digital e a tendência futura em utilizá-lo como um importante documento na autenticidade das informações, na agilidade das transações, na redução da burocracia e dos custos, além de tantas outras vantagens.

da Administração Pública estadual, a competência exclusiva para fornecimento de certificados digitais aos servidores públicos.[281]

Segundo a Lei Estadual n° 6003/1974, que autorizou a sua criação, não há, em seu objeto social,[282] atividade diretamente relacionada à certificação digital, não obstante ser possível compreender que tal atividade se enquadra no contexto do objeto social da empresa que, em última instância, é a tecnologia da informação.

Nesse sentido, à princípio, poder-se-ia afirmar não haver inconstitucionalidade no exercício de tal atividade pela empresa estatal. Primeiro, por ser pertinente ao seu objeto social, apesar de não expressamente previsto; e, segundo, pela ausência de qualquer prejuízo aos princípios constitucionais norteadores da ordem econômica, quais sejam: a livre iniciativa e a ampla competitividade nessa atuação, uma vez que a atividade está sendo exercida a preços de mercado competitivos e sem qualquer subvenção pública que pudesse interferir no comportamento mercadológico da atividade.

Acontece, por outro lado, que, quando a decisão da administração da Companhia[283] de explorar tal atividade, apesar de genericamente aderente ao seu objeto social, aproxima-se mais da atividade privada, já que configura promissora oportunidade de negócio, e não o contrário, decorrendo da necessidade de o Estado incrementar/incentivar a

---

[281] BRASIL. Decreto Estadual n° 43.888, de 05 de out. de 2004. *Dispõe sobre a utilização de certificado digital no âmbito da administração pública.* Disponível em: https://www.almg.gov.br/consulte/legislacao/completa/completa.html?num=43888&ano=2004&tipo=DEC. Acesso em 13 nov. 2018.

[282] Art. 2° – A PRODEMGE tem por objeto: I – executar, em caráter privativo, por processos-mecânicos, eletromecânicos ou eletrônicos, serviços de processamento de dados e tratamento de informações para os órgãos da administração direta e indireta; II – executar, mediante convênios ou contratos, serviços de processamento de dados para órgãos ou entidades da União e dos Municípios; III – prestar assistência técnica aos órgãos da administração pública em geral; IV – exercer as funções de órgão central do Sistema Estadual de Reforma Administrativa, tal como definido no Decreto n° 14.359, de 3 de março de 1972; V – prestar a pessoa física ou jurídica de direito privado serviços de informática necessários para tornar disponíveis: 2) bases de dados, públicas ou privadas, que estejam sob sua guarda, ou que por ela transitem, mediante autorização do órgão proprietário; b) serviços de computação, em caráter emergencial, em caso de falha ou de falta de condições de operação dos recursos computadorizados dessas empresas. (Inciso acrescentado pelo art. 1° da Lei n° 12.325, de 7.10.1996.) VI prestar serviços de impressão a terceiros, notadamente de revistas, livros e coletâneas de leis, quando presente o interesse público; (Inciso acrescentado pelo art. 183 da Lei n° 22.257, de 27.7.2016.) VII – gerir estruturas e sistemas de recepção e transmissão de sinal de telecomunicação e de radiodifusão. (Inciso acrescentado pelo art. 183 da Lei n° 22.257, de 27.7.2016).

[283] Não foram encontradas atas de reuniões conselho de administração ou atas de reuniões de diretoria que tratem do assunto nos canais de transparência pública disponibilizados pela Empresa. (www.prodemge.gov.br/governança).

exploração de determinado mercado ainda incipiente, de forma a justificar a sua intervenção, resta inviabilizada a demonstração da finalidade pública objetivada. Ainda, dificulta a aferição da relação da atividade com a finalidade pública atrelada à criação da estatal, o fato de não se encontrar expressamente prevista a finalidade de interesse público objetivado com o exercício da atividade de certificação digital, o que pode redundar em dúvidas sobre a possibilidade, do ponto de vista constitucional, de sua exploração.

Conforme carta anual referente ao ano de 2017, publicada no *site* oficial da Companhia de Tecnologia do Estado de Minas Gerais, em cumprimento ao disposto no art. 8º, I, da Lei nº 13.303/16, essa atividade encontra-se descrita no item: "Principais soluções para gestão pública", no qual se encontram atividades classificadas como meio para o desenvolvimento da atividade pública. A atividade encontra-se assim descrita:

> A Prodemge é uma Autoridade Certificadora (AC) de segundo nível, devidamente autorizada pelos órgãos competentes para realizar a emissão, renovação e revogação de certificados digitais. Está credenciada desde 2004 pelo Instituto Nacional de Tecnologia da Informação (ITI) para a emissão de certificados digitais padrão ICP – Brasil e também pela Receita Federal do Brasil como uma Autoridade Certificadora, estando autorizada e devidamente habilitada a emitir certificados para a Administração pública, contribuindo para a diminuição de custos, otimização dos processos e redução da burocracia do Estado. Foram distribuídos estrategicamente pontos de atendimento em todas as regiões do Estado de Minas Gerias por meio da Autoridade de Registro (AR) Jucemg, vinculada à Autoridade Certificadora Prodemge (AC Prodemge), para validação e emissão de certificados digitais ICP – Brasil. Após a implantação da certificação digital como uma Autoridade Certificadora de 2º nível, identificou-se a necessidade e a oportunidade de avançar verticalmente neste negócio. A partir de 2015 iniciou-se uma nova era do negócio de certificação digital na empresa: se tornar uma Autoridade Certificadora de 1º nível (AC 1), e um Prestador de Serviços de Suporte (PSS) para novas Autoridades de 2º nível. O projeto é complexo e conta com a participação de uma equipe multidisciplinar, que trabalha integrada para a viabilização de uma série de ações, em diferentes frentes, viabilizando sua implantação integral em 2018.[284]

---

[284] PRODEMGE. *Governança corporativa*. Disponível em: www.prodemge.gov.br/governanca/carta-anual. Acesso em 3 jan. 2019.

Note que o interesse público, mesmo após a Lei nº 13.303/16, ainda abarca situações que se encontram em zona cinzenta e que ficarão, como prevê a noção de conceito jurídico indeterminado, sujeitas não apenas às diretrizes objetivas dispostas pela referida Lei, mas sujeitas à discricionariedade do seu intérprete, dado o caso concreto. Importante considerar que, muitas vezes, o objetivo justificador da existência e manutenção dessas sociedades se "descola" da finalidade ligada ao interesse público, para o qual foram criadas, e se aproxima do interesse puramente negocial, sem necessariamente guardar relação direta com o seu objeto social.

Há, ainda, outra interessante hipótese a ser verificada, ainda no próprio Estado de Minas Gerais, de intervenção econômica do Estado por meio de uma Sociedade de economia mista. Trata-se da Companhia de Saneamento Básico de Minas Gerais (COPASA),[285] que, por meio de empresa subsidiária, ampliou o seu âmbito de atuação – poder-se-ia, inclusive, suscitar discussão acerca da pertinência do objeto da subsidiária com o objeto social da COPASA, o que não será aqui aprofundado – visando a exploração econômica dos recursos hidrominerais do Estado, inclusive de parques de águas, traduzindo-se o objeto social da empresa em venda de água mineral.

Entre os exemplos suscitados, há diferença relevante entre a atividade de certificação digital realizada pela Companhia de Tecnologia de Minas Gerais – Prodemge e a exploração de recursos hidrominerais pela COPASA, qual seja, a explicitação, em Lei, do interesse público objetivado pela Companhia de Saneamento com a exploração da

---

[285] Estatuto Social Companhia de Saneamento Básico de Minas Gerais – COPASA Denominação, Sede, Prazo e Objeto. Artigo 1º A Companhia de Saneamento de Minas Gerais – COPASA MG Sociedade de economia mista por ações, de capital autorizado, sob controle acionário do Estado de Minas Gerais, constituída nos termos da Lei nº 2.842, de 5 de julho de 1963, tem como competência planejar, executar, ampliar, remodelar e explorar serviços públicos de saneamento básico, com vistas a contribuir para o bem estar social e para a melhoria da qualidade de vida da população.
Parágrafo único: Para os efeitos deste Estatuto considera-se saneamento básico o conjunto de serviços, infraestrutura e instalações operacionais de: I - abastecimento de água potável, constituído pelas atividades necessárias ao abastecimento público de água potável, desde a captação até as ligações prediais e respectivos instrumentos de medição; II - esgotamento sanitário, constituído pelas atividades de coleta, transporte, tratamento e disposição final adequada dos esgotos sanitários, desde as ligações prediais até o seu lançamento final no meio ambiente; III - limpeza urbana e manejo de resíduos sólidos, constituídos pelas atividades de coleta, transporte, transbordo, tratamento e destino final do lixo doméstico e do lixo originário da varrição e da limpeza de logradouros e vias pública. COPASA. *Estatuto Social*. Disponível em: http://www.copasa.com.br/wps/portal/internet/a-copasa/portal-da-transparencia/estatuto-social/acesso. Acesso em 10 jan. 2018. Ressalte-se que tal objeto social permanece sem alterações legislativas desde a criação da subsidiária até os dias atuais.

atividade, mesmo que diretamente não guarde relação com o interesse coletivo previsto no objeto social da COPASA.

Assim, segundo a Lei Estadual n° 16693/07, a exploração econômica dos recursos hidrominerais pela subsidiária da COPASA fica condicionada à realização de investimentos em (i) saneamento, recuperação e preservação ambiental permanente das fontes exploradas e das respectivas áreas de recarga; (ii) monitoramento qualitativo e quantitativo sistemático das águas minerais das fontes exploradas; e, ainda; (iii) o lucro líquido da subsidiária, de que trata esta Lei, será aplicado em saneamento, preferencialmente nos Municípios de sua área de abrangência.

Já quanto à certificação digital, tal atividade insere-se no contexto genérico do objeto social da Prodemge, estando, portanto, relacionada ao interesse coletivo que justifica a sua criação, mas não há relação com a finalidade de interesse público que deve ser atingida com a exploração da atividade, a não ser que, por hipótese, se revertesse o lucro da atividade em políticas públicas atinentes ao objeto social da Companhia, o que também do ponto de vista teórico, poderia ser questionado.

Verifica-se que há evidente dificuldade na definição da finalidade de interesse público das Sociedades de Economia Mista analisadas: (i) deve estar ligada <u>diretamente</u> ao interesse coletivo disposto em objeto social, redundando seu exercício em atendimento ao interesse público; ou (ii) poderia estar <u>indiretamente</u> relacionada ao interesse coletivo explicitado nas atividades constantes em seu objeto social, sendo importante que a finalidade pública seja alcançada com o exercício daquela atividade; ou, ainda, (iii) a atividade exercida não tenha relação direta com o objeto social (interesse coletivo) da empresa, mas, em contrapartida, o exercício da atividade seja revertido em atendimento do interesse público idealizado pela sociedade empresária.

Isso poderia significar, com base nos exemplos explicitados, que o resultado do desempenho da atividade de relevante interesse coletivo pode não guardar relação direta com a atividade executada, como no caso da exploração hidromineral de águas pela subsidiária da COPASA, mas, no entanto, seus rendimentos revertidos para atividades de interesse público, atinentes ao objeto social de sua controladora, conforme expressamente previsto na Lei que autoriza a criação da subsidiária quanto à finalidade pública a que está relacionada a sua atuação.

No caso da Prodemge – não há expressa correlação dos recursos advindos da atividade de certificação digital, para fins de interesse público. Seria possível que o resultado econômico de tal atividade, que não guarda relação direta com as atividades descritas em seu objeto social, fosse utilizado para a sua sustentabilidade financeira, como meio para viabilizar o atendimento da finalidade pública? Ou seja, tal atividade poderia ser utilizada como meio apto a contribuir para a saúde financeira da empresa e, por conseguinte, garantir a continuidade da prestação de serviços eminentemente voltados à consecução de políticas públicas?

Não há respostas unânimes para essas perguntas, mas não há ressalva de que qualquer que seja a decisão a ser adotada pelo administrador público deve ser transparente, de forma a não restarem dúvidas de que e a previsão de utilização da receita gerada estaria expressamente destinada à execução de finalidade pública prevista em documento publicizado pela sociedade de economia mista.

A Lei nº 13.303/16 não conferiu aos administradores, nem à governança corporativa e muito menos ao acionista controlador, diretrizes objetivas sobre a obrigatoriedade de relação direta entre o interesse coletivo e a finalidade pública a ser alcançada. Por isso, poder-se-ia afirmar que, naquelas hipóteses em que a atividade se encontra em zona híbrida (em que não há correlação direta com o seu objeto social), mas que o resultado de sua execução comprovadamente reverta-se em política públicas de responsabilidade dessas estatais, não haveria qualquer ilegalidade em sua manutenção.

Contudo, importante ressaltar que tal conclusão apenas poderia ser alcançada em relação às sociedades de economia mista, criadas antes da Lei nº 13.303/16. Explica-se: não parece ser possível a análise da aplicabilidade do conceito relevante de interesse coletivo sem que se faça um recorte temporal em sua incidência, devendo-se analisar as empresas, conforme explicitado por Chagas e Dias,[286] antes e após a vigência da Lei nº 13.303/2016.

Nas empresas criadas antes da Lei nº 13.303/16, o relevante interesse muitas vezes mostrava-se implícito em seu objeto social, o que, diante da subjetividade ocasionada, passam a ser executadas atividades com finalidade eminentemente privada, já que, diante de mudanças econômicas e sociais ao longo da existência dessas sociedades empresárias, a execução e a relevância de determinadas atividades pode variar. Por isso, dada a discricionariedade conferida ao conceito de relevante interesse coletivo, implícito no objeto social dessas empresas,

---

[286] CHAGAS, Carolina F. Dolabela; DIAS, Maria Tereza Fonseca. *O relevante interesse coletivo nas atividades econômicas das empresas estatais após o advento da Lei nº 13.303/2016 ("estatuto jurídico das estatais")*. 2018. Disponível em: www.indexlaw.org/index.php/revistaddsus/article/view/4139. Acesso em 11 mai. 2018.

estaria adstrito apenas à pertinência temática da atividade executada com a atuação da empresa, bastando, como justificativa, a rentabilidade gerada pela referida atividade.

Por isso, segundo Chagas e Dias,[287] para as empresas constituídas antes da Lei nº 13.303/16, em que a obrigatoriedade do interesse coletivo encontra-se implícita em seu objeto social, não se deve, a priori, considerar a atividade exercida como inapropriada ou até mesmo inconstitucional, desde que em seu exercício sejam observados os princípios e direitos fundamentais que norteiam a Ordem Econômica na Constituição da República, para que possam ser aplicados os remédios jurídicos cabíveis, obrigando, assim, que a finalidade pública seja efetivamente alcançada.

E complementam:

> Assim, dada a indeterminação conceitual que permeia a expressão "relevante interesse coletivo" especialmente nas empresas criadas até o advento da nova Lei das Estatais, a análise de sua observância, necessariamente, precisa levar em consideração não só a pertinência direta de sua atuação em relação ao seu objeto social, mas, principalmente, o atendimento ao interesse público alcançado com aquela atuação que, inexoravelmente deve proporcionar, mesmo que por meio do resultado "lucro", a consecução de políticas públicas que agreguem resultados positivos para a sociedade.[288]

Aragão,[289] no entanto, entende que se a atividade for eminentemente privada, ou seja, sua finalidade principal for a obtenção de lucro, não poderia ser exercida pela empresa estatal. O mero interesse na obtenção de lucro não pode justificar a atuação do Estado na economia sob a fundamentação do art. 173 da CF/1988, porque, segundo o autor, se assim fosse admitido, estar-se-ia invertendo a lógica do dispositivo constitucional.

---

[287] CHAGAS, Carolina F. Dolabela; DIAS, Maria Tereza Fonseca. *O relevante interesse coletivo nas atividades econômicas das empresas estatais após o advento da Lei nº 13.303/2016 ("estatuto jurídico das estatais")*. 2018. Disponível em: www.indexlaw.org/index.php/revistaddsus/article/view/4139. Acesso em 11 mai. 2018.

[288] CHAGAS, Carolina F. Dolabela; DIAS, Maria Tereza Fonseca. *O relevante interesse coletivo nas atividades econômicas das empresas estatais após o advento da Lei nº 13.303/2016 ("estatuto jurídico das estatais")*. 2018. Disponível em: www.indexlaw.org/index.php/revistaddsus/article/view/4139. Acesso em 11 mai. 2018. p. 12.

[289] ARAGÃO, Alexandre Santos de. *Empresas Estatais*: o regime jurídico das empresas públicas e Sociedades de Economia Mista. São Paulo: Forense, 2017.

Contudo, de forma a estabelecer raciocínio parcimonioso e mais aderente à realidade das empresas estatais no Brasil, Aragão continua:

> Menor rigor deve a nosso ver existir no aproveitamento para mera obtenção de lucro de oportunidades ancilares a atividades econômicas exercidas pelo Estado que já possuam "relevante interesse coletivo": o Estado exerce uma atividade econômica que já é em si de interesse da sociedade e, ao exercê-la, poderá, dentro dela, aproveitar oportunidades de negócios acessórios ou complementares, inclusive em razão dos princípios da economicidade e eficiência.[290]

Já para aquelas empresas criadas após o advento da Lei n° 13.303/16, Justen Filho[291] entende que, se uma lei futura pretender autorizar a criação de uma empresa estatal destinada a explorar atividade econômica sem indicar, de modo claro e preciso, o relevante interesse coletivo ou o imperativo de segurança nacional que o justifique, haverá inconstitucionalidade por infração aos arts. 37, XIX, e 173, *caput*, da CF/88. Não é o que se verifica nas empresas existentes, em que o interesse coletivo fica subentendido em seu objeto social.

Ainda segundo o autor:

> Isso significa a vedação a previsões genéricas e indeterminadas, que não esclareçam cristalinamente o pressuposto invocado. Não é suficiente a mera repetição da regra constitucional. Assim, por exemplo, é inválida a autorização legal que simplesmente invoque um relevante interesse coletivo ou um imperativo de segurança nacional, sem explicitar seu conteúdo. É necessário que a lei indique os pressupostos fáticos específicos, subsumíveis aos conceitos constitucionais em questão.[292]

A exigência de previsão expressa do conceito de interesse coletivo com a Lei n° 13.303/16 aproxima ainda mais as Sociedades de Economia Mista do interesse coletivo disposto em suas atividades, o que ocasiona inevitável aproximação dessas empresas com a finalidade pública que

---

[290] ARAGÃO, Alexandre Santos de. *Empresas Estatais*: o regime jurídico das empresas públicas e Sociedades de Economia Mista. São Paulo: Forense, 2017. p. 104.
[291] JUSTEN FILHO, Marçal. *A Lei n° 13.303/2016, a criação das empresas estatais e a participação minoritária em empresas privadas*. Estatuto jurídico das empresas estatais. São Paulo: Revista dos Tribunais, 2016.
[292] JUSTEN FILHO, Marçal. *A Lei n° 13.303/2016, a criação das empresas estatais e a participação minoritária em empresas privadas*. Estatuto jurídico das empresas estatais. São Paulo: Revista dos Tribunais, 2016. p. 49.

deve motivar o exercício de suas atividades.[293] Não se está afirmando aqui, que, antes da Lei nº 13.303/16, a ausência da observância do relevante interesse coletivo como premissa para a criação da empresa estatal configuraria, de imediato, inconstitucionalidade em sua criação. Está se defendendo, no entanto, que, com a Lei nº 13.303/16, a aferição do interesse coletivo, antes conceito aberto, tornou-se determinado, pautado em critérios expressos dispostos nos instrumentos societários.

A expressa demonstração do relevante interesse coletivo redunda na inevitável vinculação da atividade a um interesse que interligue o objetivo empresarial com atividade que seja de relevante interesse coletivo, que pode estar fundamentado, por exemplo, (i) no fomento de atividades voltadas a determinado nicho de mercado; (ii) que tenham em sua descrição o desenvolvimento econômico sustentável; ou ainda, (iii) que estejam ligadas ao desenvolvimento e melhoria da eficiência do funcionamento do Estado.

O relevante interesse coletivo, conceito jurídico indeterminado, com o Estatuto Jurídico das Estatais, ganha posição de destaque, bem como coloca em evidência sua relação, seja direta ou indireta – para que a relação seja indireta, é necessário que a atividade seja acessória – com a finalidade de interesse público perquirida pela Sociedade de economia mista. O disposto no art. 2º do Estatuto Jurídico das empresas estatais propiciou não apenas maior vinculação do objeto social às finalidades previstas com o exercício de determinada atividade, como também acabou por restringir, ainda mais, a seara de atividades econômicas que visem lucro e que guardem relação indireta com o objeto social da empresa.[294]

Portanto, nas empresas criadas após o advento da Lei nº 13.303/13, o planejamento e os objetivos visados com sua criação precisarão ser melhor analisados pelo Poder Legislativo, tendo em vista que, de antemão, deverão estar previstos em todas as atividades constantes de seu objeto social, o interesse coletivo motivador da exploração da atividade e o interesse público que justifica sua atuação em consonância com o momento social, político e econômico. Vale relembrar que a carta anual,

---

[293] CHAGAS, Carolina F. Dolabela; DIAS, Maria Tereza Fonseca. *O relevante interesse coletivo nas atividades econômicas das empresas estatais após o advento da Lei nº 13.303/2016 ("estatuto jurídico das estatais")*. 2018. Disponível em: www.indexlaw.org/index.php/revistaddsus/article/view/4139. Acesso em 11 mai. 2018.

[294] CHAGAS, Carolina F. Dolabela; DIAS, Maria Tereza Fonseca. *O relevante interesse coletivo nas atividades econômicas das empresas estatais após o advento da Lei nº 13.303/2016 ("estatuto jurídico das estatais")*. 2018. Disponível em: www.indexlaw.org/index.php/revistaddsus/article/view/4139. Acesso em 11 mai. 2018.

documento cuja previsão encontra-se no art. 8°, deve anualmente prever a finalidade de interesse público que norteia a intervenção do Estado.

Nesse contexto, não se pode negar que a governança corporativa, com os critérios e vedações para eleição de administradores das empresas estatais e, especialmente, a maior transparência e o controle interno melhor delineado, contribuem sobremaneira para que a Sociedade de economia mista atue em consonância com seus interesses públicos, sem que isso resulte em contraposição aos interesses econômicos e, como parte deles, os interesses dos acionistas privados. Isso porque o planejamento empresarial dessas empresas será participado não apenas por todas as partes a ela relacionadas, como também por toda a sociedade, o que norteará os investimentos dos acionistas privados nessas empresas e, ao mesmo, evitará decisões do acionista controlador (Estado), desarrazoadas e em desconformidade com os documentos publicizados pela empresa.

Esse raciocínio redunda na compreensão de que interesses econômicos e interesses públicos em Sociedades de Economia Mista são simbióticos porque se complementam e se retroalimentam, na medida em que a Sociedade de economia mista só existe em função do interesse público que motiva a sua existência, e a sua manutenção na economia apenas subsiste em função de seus resultados econômicos favoráveis.

CAPÍTULO 5

CONCLUSÕES

A atuação do Estado na ordem econômica por meio de Sociedades de Economia Mista trata-se de assunto repleto de meandros e controvérsias, especialmente no que concerne aos limites de incidência dos interesses públicos e econômicos que envolvem a sua existência. Por serem pessoas jurídicas de direito privado, congregam construções típicas privadas, como a forma societária, as obrigações civis, trabalhistas e tributárias. No entanto, também por integrarem a Administração Pública indireta, possuem limitações estabelecidas pelo direito público previstas constitucionalmente. A dificuldade na delimitação da atuação de interesse público e econômico nessas sociedades é desafio tanto para os órgãos societários quanto para os acionistas, com especial atenção para o Estado – acionista controlador dessas entidades – e, também, para os *stakeholders* e sociedade em geral.

As Sociedades de Economia Mista integram a estrutura do Estado brasileiro desde 1808, com a criação do Banco do Brasil e, desde então, sempre estiveram presentes na ordem econômica nacional, oscilando sua importância no desenvolvimento econômico do país a depender do contexto socioeconômico e político vivenciado. Atualmente, as Sociedades de Economia Mista estão novamente em evidência, seja em razão de questionamentos quanto à sua manutenção como parte integrante da Administração Pública, seja quanto à sua contribuição para o desenvolvimento econômico do país em sua área de atuação, o que fundamenta a defesa pela privatização.

O que se demonstrou é que, especialmente no âmbito da União e do Estado de Minas Gerais, a conclusão pela desnecessidade dessas empresas enquanto entidades da Administração Pública não é possível, em regra, de ser realizada de forma objetiva e simplista, mesmo porque, a maioria dessas empresas, no âmbito analisado, não são deficitárias do ponto de vista financeiro.

Por isso, é possível afirmar que o momento ideológico, social e econômico vivenciado é salutar para a definição de sua prescindibilidade enquanto estruturas ligadas ao Estado – ainda mais se considerado o constante desvirtuamento da atuação dessas sociedades, ao longo do tempo, que culminaram em escândalos de corrupção e em demonstrações de uma gestão temerária e desvirtuada do interesse público – o que ocasionou, nos últimos tempos, a necessária revisão da atuação e relevância dessas sociedades enquanto parte do Estado.

A ultrapassada dicotomia serviço público *versus* atividade econômica ligada à definição do regime jurídico aplicável à Sociedade de economia mista, como se fossem chancelas prévias da atuação, ou não, dessas sociedades no mercado concorrencial, não mais merece prosperar, dada a sua impossibilidade de corresponder à realidade praticada por essas empresas, sendo mais relevante e pertinente que sejam analisadas as atividades realizadas por essas empresas, sua atuação concorrencial e os resultados sociais por elas gerado

Nesse sentido, o Estatuto Jurídico das Empresas Estatais – Lei n° 13.303/16 parece concordar que, muito mais importante do que a definição do regime jurídico previamente definido, é a análise concreta da atividade desempenhada e sua repercussão no mercado concorrencial.

A publicação do Estatuto Jurídico das Empresas Estatais, em 2016, para além das discussões acerca da governança corporativa e seu papel na profissionalização, eficiência e transparência na atuação dessas sociedades empresariais, associadas a um controle interno mais efetivo e práticas voltadas à transparência, podem contribuir para a melhor delimitação dos interesses públicos e econômicos que circundam essas sociedades.

Os conceitos jurídicos indeterminados, "interesse público" e "relevante interesse coletivo", devem funcionar no ordenamento jurídico pátrio como delimitadores da atuação e do papel das empresas estatais no cenário nacional, devendo ser responsáveis pela modulação da subsidiariedade da atuação das Sociedades de Economia Mista na exploração da atividade econômica.

A partir de uma interpretação sistêmica da Lei n° 13.303/16, é possível que se perceba a relevância que os referidos conceitos jurídicos indeterminados possuem nessas empresas estatais, especialmente quando a lei expressamente determina que o acionista controlador deverá atuar de modo a respeitar o relevante interesse coletivo que justifica a sua criação, bem como sua finalidade pública, de forma que tal interesse deva ocorrer por meio do alinhamento entre os objetivos da sociedade e aqueles relacionados à consecução de políticas públicas.

Ao longo do trabalho, propôs-se uma revisão da interpretação tradicional conferida pela doutrina clássica que atribui ao interesse público um caráter de superioridade em relação a qualquer outro interesse que lhe pareça conflitante, como se tivesse um caráter principiológico absoluto, passível de justificar escolhas unilaterais do Estado no desempenho de suas atribuições.

A Lei nº 13.303/16 reforça a distinção dos dois conceitos – interesse público e interesse econômico –, mas, ao mesmo tempo, evidencia a intercessão entre eles, já que em seu art. 8º, inciso I, estabelece que o interesse público se manifesta nas empresas estatais por meio do alinhamento entre os seus objetivos e aqueles voltados a políticas públicas.

Segundo o §1º do art. 3º da Lei, a pessoa jurídica que controla as Sociedades de Economia Mista tem deveres e responsabilidades de acionista controlador e deverá exercer o poder de controle no interesse da companhia, respeitando o interesse público que justificou a sua criação.

O interesse público, voltado ao cumprimento de seus fins sociais, deve ser entendido como finalidade a ser alcançada pela Sociedade de economia mista e deve guardar relação com o interesse coletivo previsto nas atividades descritas no objeto social da empresa. Uma vez verificado, sempre deverá prevalecer, por se tratar de interesse geral que abarca a coletividade e que, no âmbito das sociedades de economia mista, deve ser identificado no caso concreto, devendo prevalecer sobre interesses individuais e coletivos específicos.

Os interesses econômicos objetivados pelas Sociedades de Economia Mista são a ela intrínsecos e necessários à sua subsistência enquanto empresa, sendo importante que se tenha em vista que correspondem a garantias fundamentais da ordem econômica, resguardados constitucionalmente. Por isso, deve sempre haver, por parte do Estado, uma postura mediadora e voltada a um diálogo constitucionalizado entre o Poder Público, particulares e diversos atores do aparato administrativo.

Não se pode afirmar que os interesses públicos e econômicos sejam, no âmbito da Sociedade de economia, antagônicos, como se o resultado lucrativo fosse incompatível com a atividade desenvolvida pela estatal, haja vista que resultados financeiros positivos permitem que a empresa tenha mais aptidão para desenvolver o seu papel, enquanto parte integrante da Administração Pública, com mais eficiência, já que o lucro pode ser utilizado como reinvestimento na expansão e excelência em seus resultados.

Também não é possível ignorar que o Estado, ao optar constitucionalmente por intervir na atividade econômica por meio de empresas estatais, reconhece que, enquanto empresas, essas entidades inevitavelmente almejam lucro (rendimento econômico positivo) como resultado de sua atuação, não havendo incompatibilidade com sua atuação enquanto Administração Pública. Com isso, está-se aqui afirmando que o interesse econômico é necessário à Sociedade de economia mista, em relação de paralelismo com o interesse público, devendo coexistir de forma equilibrada, o que pressupõe o diálogo entre todos os atores envolvidos – empresa, Estado, acionistas e sociedade – como requisito legitimador da atuação estatal.

O interesse econômico, mesmo que implicitamente, ganha maior relevância na medida em que a Lei nº 13.303/16 reforça o papel das Sociedades de Economia Mista enquanto empresas, com necessários instrumentos de gestão que ressaltem sua autonomia e atuação empresária, sem que, no entanto, representem o seu descompasso com sua finalidade prioritária de atendimento do interesse público.

É fundamental ainda explicitar a relevância do conceito indeterminado de "relevante interesse coletivo" como critério limitador da exploração da atividade econômica por meio de empresas estatais, conforme previsto no art. 173 da CF/88.[295] A definição do relevante interesse coletivo é, sem dúvida, uma das chaves para a compreensão dos interesses que circundam uma Sociedade de economia mista, mas dada a sua difícil conceituação, muitas vezes sua interpretação se mistura à do interesse econômico.

O interesse coletivo é aquele que pertence a um grupo, a uma classe de pessoas. Por isso deve ser entendido como interesse imediato e bem delimitado, de forma que seja possível mensurá-lo objetivamente, visando atendimento a um interesse público remoto, finalidade precípua da atividade desenvolvida pela estatal.

Com a Lei nº 13.303/16, tais conceitos se encontram melhor esclarecidos e, por conseguinte, a finalidade pública dessas empresas no cenário nacional deverá ser evidenciada. Tanto é assim que o art. 8º, inciso I, ao estabelecer como requisito de transparência a elaboração de carta anual pela estatal para explicitação do interesse público a ser atingido com o exercício da atividade, está se vinculando ao relevante

---

[295] BRASIL. Constituição da República Federativa do Brasil de 1988. *Diário Oficial da União*, Brasília, 05 out. 1988. Disponível em: http://www.planalto.gov.br/ccivil_03/constituicao/constituicaocompilado.htm. Acesso em 14 mar. 2018.

interesse coletivo que fundamenta a exploração de determinada atividade, à finalidade pública a ela atinente.

O Estatuto Jurídico das Empresas Estatais, em seu art. 27, estabelece que as empresas estatais terão a função social de realização do interesse coletivo a ser estabelecido com base em atividades voltadas ao alcance do bem-estar econômico e alocação socialmente eficiente de recursos, estabelecendo as diretrizes para a sua atuação, de forma a redundar na finalidade pública específica correspondente à atividade da estatal.

Assim, para além da finalidade principal atrelada ao manancial de ferramentas jurídicas que estabelecem o sistema de governança corporativa, controles e transparência voltados a uma gestão mais eficiente, profissionalizada e proba, é importante que se considere que tais ferramentas contribuam, ainda, para a proteção do interesse público enquanto objetivo finalístico dessas empresas, sem retirar-lhes a autonomia enquanto empresas

Importante esclarecer que tais conceitos foram detalhadamente explicitados neste trabalho de forma a evidenciar sua importância no contexto da intervenção do Estado na ordem econômica. Especialmente a Lei nº 13.303/16, mesmo que indiretamente, – uma vez que não há capítulo específico destinado a esses conceitos e à sua relevância na condução empresarial dessas sociedades – pode-se considerar que há substancial contribuição da Lei na mais objetiva delimitação desses conceitos.

Isso se reflete em todo o arcabouço de governança, controles internos e transparência dispostos pela Lei, já que, segundo defendido neste trabalho, passam a ser utilizados como importantes mecanismos destinados a melhor mensuração do interesse público, sem que, para tanto, sejam colocados em risco os interesses econômicos dessas sociedades.

Especialmente o interesse público, dada a sua subjetividade, muitas vezes foi utilizado para ratificar desmandos e arbitrariedades tanto do controle societário quanto da administração dessas empresas. Com os expressos requisitos de transparência exigidos, assim como o exercício proativo do controle interno, atrelado à simetria de informações, a Lei nº 13.303/16 possibilita que os administradores e o acionista controlador atuem de forma complementar e coesa, ambos voltados ao crescimento da estatal e, por conseguinte, ao atendimento das políticas públicas a ela designadas como finalidade de sua atuação.

Isso permite que interesses que pareçam antagônicos nas Sociedades de Economia Mista coexistam de forma pacífica e consensual, que facilitado pela transparência, garante a todos os interessados a compreensão não apenas dos interesses envolvidos, como também dos resultados a serem obtidos a partir dessa realidade. Demonstrou-se ainda que o controle interno e a transparência contribuem de forma significativa para a fiscalização e a proteção da Sociedade de economia mista em sua atuação empresarial, e que têm relevante participação em relação ao atendimento do interesse público, já que os dados por eles fornecidos contribuem para a adequada atuação finalística da empresa.

Merecem destaque os requisitos e vedações criados pelo art. 17, da Lei n° 13.303/16, para a escolha de administradores das empresas estatais que, ao conferirem imparcialidade às indicações, fortalecem a gestão interna dessas sociedades, especialmente em relação aos afastamentos dos intentos políticos liderados pelo controle societário.

A contribuição da Lei em relação aos interesses que circundam a Sociedade de economia mista, mesmo que não haja capítulo especifico sobre o tema, é inegável e se mostra relevante na medida em que, de forma implícita ou expressa, reforça a importância de sua verificação quando da aplicação dos mecanismos de gestão por ela introduzidos.

Ressalte-se que, tão importante quanto a aplicação do arcabouço normativo trazido pela Lei n° 13.303/16, voltado à análise da aderência dos interesses presentes na Sociedade de economia mista, com a finalidade pública objetivada, faz-se necessário que, para que haja efetividade, seja realizada uma mudança paradigmática na atuação dessas empresas. Essa modificação se tornará possível por meio da conscientização, tanto social, política e econômica do papel dessas sociedades empresárias, especialmente, quanto aos limites e responsabilidades que envolvem a sua atividade empresária enquanto entidades da Administração Pública.

No entanto, todas as modificações impostas pela governança corporativa e os mecanismos de gestão voltados à maior eficiência e transparência das Sociedades de Economia Mista não terão efetividade se, atrelada à sua implementação não houver alteração da cultura voltada ao trato das Sociedades de Economia Mista. A Lei n° 13.303/16 tem o papel de impulsionar e conceder ferramentas para que modificações corporativas comportamentais se concretizem. Atrelado à mudança legislativa e cultural, relevante, ainda, que a coletividade, por meio do acesso às informações, participe do controle e da gestão das Sociedades de Economia Mista, contribuindo para a fiscalização de sua atuação, formando uma tríade capaz de ressignificar ou mesmo redimensionar a atuação dessas empresas enquanto entidades da Administração Pública.

REFERÊNCIAS

ALEXANDRINO, Marcelo; PAULO, Vicente. *Direito Administrativo Descomplicado*. 18. ed. rev. e atual. Rio de Janeiro: Forense; São Paulo: Método, 2010.

AMARAL, P. O. Lei das Estatais: Espectro de Incidência e regras de governança. *In*: JUSTEN FILHO, M. (Org.). *Estatuto Jurídico das Empresas Estatais*: Lei nº 13.303/2016- "Lei das Estatais". São Paulo: Revista dos Tribunais, 2016.

ARAGÃO, Alexandre Santos de. *Empresas Estatais*: o regime jurídico das empresas públicas e sociedades de economia mista. São Paulo: Forense, 2017.

ARAGÃO, Alexandre Santos de. Serviços Públicos e concorrência. *ReDAE – Revista Eletrônica de Direito Administrativo Econômico*, v. 1, 2005.

ARAÚJO, Edmir Netto de. *Do negócio jurídico administrativo*. São Paulo: Revista dos tribunais, 1997.

ARRUDA, Marcelo de. Um modelo de privatização completa via leilão para os correios. *MISES: Interdisciplinary Journal of Philosophy, Law and Economics*, v. 6, n. 2, 2018.

ATALIBA, Geraldo; GONÇALVES J. A. Excedente contábil: sua significação nas atividades pública e privada. *Revista Trimestral de Direito Público*, n. 6, p. 279, 1994.

ÁVILA, Humberto. Repensando o "Princípio da Supremacia do Interesse Público Sobre o Particular". *In*: SARMENTO, Daniel (Org.). *Interesses públicos vs. interesses privados*: desconstruindo o princípio de supremacia do interesse público. Rio de Janeiro: Lumen Juris, 2007.

ÁVILA, Humberto. Repensando o Princípio da Supremacia do Interesse Público sobre o Particular. *In*: *Revista Trimestral de Direito Público*, São Paulo: Malheiros, n. 24, 1998.

BANDEIRA DE MELLO, Celso Antônio. *Curso de direito administrativo*. 17. ed. rev., ampl. e atual. São Paulo: Malheiros, 2004.

BARRETT, Pat. Achieving better practice corporate governance in the public sector. *Australian National Audit Office*, Canberra, p. 12, 2002. Disponível em: www.anao.gov.au. Acesso em 4 set. 2018.

BARROSO, Luís Roberto. *O Estado contemporâneo, os direitos fundamentais e a redefinição da supremacia do interesse público*. Interesses públicos versus interesses privados: desconstruindo o princípio de supremacia do interesse público. Rio de Janeiro: Lumen Juris, 2007.

BASTOS, Celso Ribeiro. A tutela dos interesses difusos no direito constitucional brasileiro. *Revista do serviço público*, Belo Horizonte, v. 39, n. 2, 1982.

BERCOVICI, Gilberto. Política econômica e direito econômico. *Revista da Faculdade de Direito da Universidade de São Paulo*, v. 105, p. 401, 2010.

BEMQUERER, Marcos. *O regime jurídico das empresas estatais após a Emenda Constitucional nº 19/1998*. Belo Horizonte: Fórum, 2012.

BINENBOJM, Gustavo. Da supremacia do interesse público ao dever de proporcionalidade: um novo paradigma para o direito administrativo. *In*: SARMENTO, Daniel (Org.). *Interesses públicos versus interesses privados*: desconstruindo o princípio da supremacia do interesse público. 2. tiragem. Rio de Janeiro: Lumen Juris, 2007.

BITENCOURT NETO, Eurico. A Administração Pública concertada. *In*: GOMES, Carla Amado; NEVES, Ana Fernanda; BITENCOURT NETO, Eurico (Coord.). *A Prevenção da Corrupção e outros desafios à boa governança da Administração Pública*. Ed. Instituto, de Ciências Jurídico – Políticas – CIP e Centro de Investigação de Direito Público – CIDP, Faculdade de Direito, Universidade de Lisboa, 2018.

BORBA, José Edwaldo Tavares. *Direito Societário*. 12. ed. rev. aum. e atual. Rio de Janeiro: Renovar, 2010.

BORGES, Alice Gonzáles. Supremacia do interesse público: desconstrução ou reconstrução? *Revista Interesse Público*, Porto Alegre, n. 37, p. 29-48, 2006.

BRASIL. Decreto n° 8.818, de 21 de julho de 2016. Aprova a Estrutura Regimental e o Quadro Demonstrativo dos Cargos em Comissão e das Funções de Confiança do Ministério do Planejamento, Desenvolvimento e Gestão, remaneja cargos em comissão e funções gratificadas, substitui cargos em comissão do Grupo Direção e Assessoramento Superior-DAS por Funções Comissionadas do Poder Executivo Federal – FCPE, altera o Decreto n° 8.365, de 24 de novembro de 2014, e dá outras providências. *Diário Oficial da União*, Brasília, 22 jul. 2016. Disponível em: http://www.planalto.gov.br/ccivil_03/_Ato2015-2018/2016/Decreto/D8818.htm. Acesso em 11 abr. 2018.

BRASIL. Decreto n° 8.945, de 27 de dezembro de 2016. Regulamenta, no âmbito da União, a Lei n° 13.303, de 30 de junho de 2016, que dispõe sobre o estatuto jurídico da empresa pública, da sociedade de economia mista e de suas subsidiárias, no âmbito da União, dos Estados, do Distrito Federal e dos Municípios. *Diário Oficial da União*, Brasília, 28 dez. 2016, republicado em 04 jan. 2017. Disponível em: http://www.planalto.gov.br/ccivil_03/_Ato2015-2018/2016/Decreto/D8945.htm. Acesso em 11 abr. 2018.

BRASIL. Decreto-Lei n° 1.186, de 3 de abril de 1939. Cria o Instituto de Resseguros do Brasil. *Diário Oficial da União*, Rio de Janeiro, 08 abr. 1939. Disponível em: http://www.planalto.gov.br/ccivil_03/decreto-lei/1937-1946/Del1186.htm. Acesso em 20 mai. 2018.

BRASIL. Decreto Estadual n° 43.888, de 05 de out. de 2004. *Dispõe sobre a utilização de certificado digital no âmbito da administração pública*. Disponível em: https://www.almg.gov.br/consulte/legislacao/completa/completa.html?num=43888&ano=2004&tipo=DEC. Acesso em 13 nov. 2018.

BRASIL. Constituição da República Federativa do Brasil de 1988. *Diário Oficial da União*, Brasília, 05 out. 1988. Disponível em: http://www.planalto.gov.br/ccivil_03/constituicao/constituicaocompilado.htm. Acesso em 14 mar. 2018.

BRASIL. Decreto-Lei n° 200, de 25 de fevereiro de 1967. Dispõe sobre a organização da Administração Federal, estabelece diretrizes para a Reforma Administrativa e dá outras providências. *Diário Oficial da União*, Brasília, 27 fev. 1967, retificado em 08 mar. 1967, 30 mar. 1967 e 17 jul. 1967. Disponível em: http://www.planalto.gov.br/Civil/decreto-lei/Del0200.htm. Acesso em 11 nov. 2018.

BRASIL. Decreto-Lei n° 1.183, de 3 de abril de 1939. Autoriza o Ministério da Viação e Obras Públicas a contratar com a Companhia Carbonífera Rio Grandense o serviço de transporte de cargas por navegação de cabotagem. *Diário Oficial da União*, Brasília, 04 abr. 1939. Disponível em: https://www2.camara.leg.br/legin/fed/declei/1930-1939/decreto-lei-1183-1-abril-1939-349225-publicacaooriginal-1-pe.html. Acesso em 11 nov. 2018.

BRASIL. Decreto nº 84.128, de 29 de outubro de 1979. Dispõe sobre o controle de recursos e dispêndios de empresas estatais e dá outras providências. *Diário Oficial da União*, Brasília, 30 out. 1976. Disponível em: www.planalto.gov.br/ccivil_03/decreto/1970-1979/D84128.htm. Acesso em 11 mai. 2018.

BRASIL. Lei complementar nº 64, de 18 de maio de 1990. Estabelece, de acordo com o art. 14, §9º da Constituição Federal, casos de inelegibilidade, prazos de cessação, e determina outras providências. *Diário Oficial da união*, Brasília, 21 mai. 1990. Disponível em: http://www.planalto.gov.br/ccivil_03/leis/lcp/lcp64.htm#:~:text=LEI%20COMPLEMENTAR%20N%C2%BA%2064%2C%20DE%2018%20DE%20MAIO%20DE%201990&text=Estabelece%2C%20de%20acordo%20com%20o,cessa%C3%A7%C3%A3o%2C%20e%20determina%20outras%20provid%C3%AAncias. Acesso em 13 nov. 2018.

BRASIL. Lei nº 13.303, de 30 de junho de 2016. Dispõe sobre o estatuto jurídico da empresa pública, da sociedade de economia mista e de suas subsidiárias, no âmbito da União, dos Estados, do Distrito Federal e dos Municípios. *Diário Oficial da União*, Brasília, 01 jul. 2016. Disponível em: www.planalto.gov.br/ccivil_03/_Ato2015-2018/2016/Lei/L13303.htm. Acesso em 14 mar. 2018.

BRASIL. Lei nº 6.404, de 15 de dezembro de 1976. Dispõe sobre as Sociedades por Ações. *Diário Oficial da União*, Brasília, 17 dez. 1976. Disponível em: http://www.planalto.gov.br/ccivil/LEIS/L6404consol.htm. Acesso em 13 nov. 2018.

BRASIL. Lei nº 12.527, de 11 de outubro de 2011. Altera o art. 28 da Lei nº 11.196, de 21 de novembro de 2005, para incluir no Programa de Inclusão Digital *tablet PC* produzido no País conforme processo produtivo básico estabelecido pelo Poder Executivo; altera as Leis nº 10.833, de 29 de dezembro de 2003, nº 11.482, de 31 de maio de 2007, nº 11.508, de 20 de julho de 2007, e nº 8.212, de 24 de julho de 1991; e revoga dispositivo da Medida Provisória nº 540, de 2 de agosto de 2011. *Diário Oficial da União*, Brasília, 13 out. 2011. Disponível em: http://www.planalto.gov.br/ccivil_03/_ato2011-2014/2011/lei/l12507.htm. Acesso em 14 mar. 2018.

BRASIL. Ministério da Economia, Planejamento, Desenvolvimento e Gestão. *Histórico*. 2015. Disponível em: http://www.planejamento.gov.br/assuntos/empresas-estatais/coordenacao/historico. Acesso em 28 dez. 2018.

BRASIL. Ministério da Economia, Planejamento, Desenvolvimento e Gestão. 2019. *Documentação e normas*. Disponível em: http://www.planejamento.gov.br/assuntos/empresas-estatais/sistemas/documentacao-e-normas/pdg-2019-versao- revisada-15-28062018.pdf. Acesso em 4 fev. 2019.

BRASIL. Ministério de Planejamento. *Boletim das Empresas Estatais Federais dependentes do Tesouro Nacional – 2018 – Ano Base 2017*. Disponível em: https://www.gov.br/economia/pt-br/centrais-de-conteudo/publicacoes/boletins/boletim-das-empresas-estatais-federais-dependentes/arquivos/bol_das_eef_dependentes_do_tn-2018-ano_base_2017-v2.pdf/view. Acesso em 28 dez. 2018.

BRASIL. Ministério de Planejamento. *Boletim das empresas estatais*. Disponível em: http://www.planejamento.gov.br/assuntos/empresas-estatais/publicacoes/boletim-das-empresas-estatais. Acesso em 28 dez. 2018.

BRASIL. Ministério de Planejamento. Institucional. Secertaria de Corrodenação e governnaça de empresas Estatais, 2018. Disponível em: http://www.planejamento.gov.br/acesso-ainformacao/institucional/unidades/sest. Acesso em 11 abr. 2018.

CÂMARA, Jacintho Silveira Dias de Arruda, O lucro nas empresas estatais. *Revista Brasileira de Direito Público – RPDP*, Belo Horizonte, ano 10, n. 37, p. 2-3, 2012. Disponível em: http://www.bidforum.com.br/PDI0006.ASPX?pdiCntd=79745. Acesso em 10 ago. 2018.

CANDELORO, Ana Paula P.; RIZZO, Maria Balbina Martins de; PINHO, Vinícius. *Compliance 360°*: riscos, estratégias, conflitos e vaidades no mundo corporativo. São Paulo: Trevisan Editora Universitária, 2012.

CARDOSO, Patrícia Pires. *Descentralização das atividades estatais e a superação do conceito subjetivo de administração pública*. 2017. Disponível em: http://www.ambitojuridico.com.br/site/index.php/mnt/?n_link=revista_artigos_leitura&artigo_id=2622&revista_caderno=4. Acesso em 11 nov. 2018.

CASTOR, Jobim. *O Brasil não é para amadores*: estado, governo e burocracia na terra do jeitinho. Curitiba: IBQP-PR, 2000, p. 60.

CHAGAS, Carolina F. Dolabela; DIAS, Maria Tereza Fonseca. *O relevante interesse coletivo nas atividades econômicas das empresas estatais após o advento da Lei n° 13.303/2016 ("estatuto jurídico das estatais")*. 2018. Disponível em: www.indexlaw.org/index.php/revistaddsus/article/view/4139. Acesso em 11 mai. 2018.

COLETTA, Carolina. *Governança corporativa em empresas estatais*: uma revisão do panorama atual. 2017. Disponível em: https://edisciplinas.usp.br/pluginfile.php/3568326/mod_resource/content/1/Carolina.pdf. Acesso em 14 jan. 2019.

COMPARATO, Fábio Konder; SALOMÃO FILHO, Calixto. *O poder de controle na sociedade anônima*. 4. ed. 2. tiragem. Rio de Janeiro: Forense, 2005.

COSTA PINTO, Vitor Mendes. Governança Corporativa e Empresas Estatais: recentes avanços e desafios. *Revista de Direito Mercantil 166/167*, Editora Malheiros, p. 207, ago. de 2013/jul.2014. Disponível em: file:///C:/Users/carolinadolabela/Downloads/133718-Texto%20do%20artigo-423343-1-10-20200724.pdf. Acesso em 15 nov. 2018.

DALLARI, Adilson Abreu. *Sociedade de economia mista – Sócio Estratégico – Acordo de Acionistas*. 2000. Disponível em: http://bibliotecadigital.fgv.br/ojs/index.php/rda/article/viewFile/47609/45137. Acesso em 14 jan. 2019.

DAL POZZO, A. N.; MARTINS, R. M. *Estatuto Jurídico das Empresas Estatais*. São Paulo: Ed. Contracorrente, 2018.

DIAS, Maria Tereza Fonseca. *Direito administrativo pós-moderno*: novos paradigmas do direito administrativo a partir do estudo da relação entre o Estado e a sociedade. Belo Horizonte: Mandamentos, 2003.

DI PIETRO, Maria Sylvia Zanella. *Direito administrativo*. 20. ed. São Paulo: Atlas, 2007.

DUTRA, Pedro Paulo de Almeida. *Controle de empresas estatais*: uma proposta de mudança. São Paulo: Saraiva, 1991.

DUTRA, Pedro Paulo de Almeida. O regime das privatizações. *Revista do Tribunal de Contas do Estado de Minas Gerais*, Minas Gerais, n. 2, 1997.

DUTRA, Pedro Paulo de Almeida. Fundação João Pinheiro Escola de Governo Professor Paulo Neves de Carvalho núcleo de Referência da Memória do Professor Paulo Neves de Carvalho. *NR-PNC*, p. 38, 2014.

EIZIRIK, Nelson. *A Lei das S/As Comentada. Volume II – Arts. 121 a 188*. São Paulo: Quartier Latin, 2011.

ESTADÃO. *Sobre as empresas estatais*. 2010. Disponível em: http://economia.estadao.com.br/noticias/geral,sobre-as-empresas-estatais-imp-,633829. Acesso em 28 dez. 2018.

FERRAZ, Luciano. *Novo estatuto das empresas estatais é constitucional*. 2017. Disponível em: https://www.conjur.com.br/2017-jul-20/interesse-publico-estatuto-empresas-estatais-constitucional. Acesso em 13 dez. 2018.

FERREIRA, Dirce Nazaré; KROHLING, Aloísio. O princípio da supremacia do interesse público no Estado democrático de direito e sua roupagem neoconstitucionalista. *Revista de Direitos Fundamentais e Democracia*, Curitiba, v. 14, n. 14, p. 482-503, 2013.

FONTES FILHO, Joaquim Rubens; ALVES, Carlos Francisco. *Mecanismos de controle na governança corporativa das empresas estatais*: uma comparação Brasil e Portugal. 2018. Disponível em: http://bibliotecadigital.fgv.br/ojs/index.php/cadernosebape/article/view/72454. Acesso em 13 dez. 2018.

FONTES FILHO, J. R.; CÂMARA LEAL, R. P. *Governança Corporativa*: Internacionalização e Convergência. IBGC. São Paulo: Saint Paul Editora, 2019

FORTINI, Cristiana; SHERMAM, Ariane. Governança Corporativa e medidas preventivas contra a corrupção na Administração Pública: um enfoque à luz da Lei nº 13.303/2016. *Revista de Direito da Administração Pública*, Universidade Federal Fluminense, 2016.

FRANÇA, Vladimir da Rocha. O regime constitucional de serviço postal e os "monopólios" da Empresa Brasileira de Correios e Telégrafos. *Revista de Informação Legislativa*, Brasília, v. 45, n. 177, p. 47-56, 2008.

FRAZÃO, Ana. Regime societário das empresas públicas e sociedades de economia mista. *In*: DAL POZZO, Augusto Neves; MARTINS, Ricardo Marcondes (Coord.). *Estatuto Jurídico das Empresas Estatais*. São Paulo: Ed. Contracorrente, 2018.

GABARDO, Emerson; HACHEM, Daniel Wunder. O suposto caráter autoritário da supremacia do interesse público e das origens do direito administrativo: uma crítica da crítica. *In*: *Direito administrativo e interesse público*: estudos em homenagem ao Professor Celso Antônio Bandeira de Mello. Belo Horizonte: Fórum, 2010.

GRAU, Eros Roberto. *A ordem econômica na Constituição de 1988*. 2. ed. São Paulo: Malheiros, 2002.

GROTTI, Dinorá Adelaide Musetti. Teoria dos Serviços Públicos e sua Transformação. *In*: SUNDFELD, Carlos Ari (Coord.). *Direito Administrativo Econômico*. São Paulo: Malheiros, 2006.

GUSTIN, Miracy Barbosa de Sousa; DIAS, Maria Tereza Fonseca. *(Re)pensando a pesquisa jurídica*: teoria e prática. 3. ed. Belo Horizonte: Del Rey, 2010.

HACHEM, Daniel Wunder. *Princípio constitucional da supremacia do interesse público*. Belo Horizonte: Ed. Fórum, 2011.

INSTITUTO BRASILEIRO DE GOVERNANÇA CORPORATIVA – IBGC. *Código das melhores práticas de governança corporativa*. 3ª revisão, 2004. Disponível em: https://www.ibgc.org.br/governança/governança-corporativa. Acesso em 02 jan.2019.

INSTITUTO BRASILEIRO DE GOVERNANÇA PÚBLICA – IBGP. *O que é Governança Pública ou Governança Corporativa no setor público?* Disponível em: https://forum.ibgp.net.br/conceitos-de-governanca-no-setor-publico/. Acesso em 02 jan. 2019.

IORIO, Ubiratan Jorge, ROQUE, Leandro. *Por que empresas estatais tendem à corrupção e à ineficiência*. Mises Brasil, 2016. Disponível em: https://www.mises.org.br/Article.aspx?id=1993. Acesso em 04 mar. 2018.

JUSTEN FILHO, Marçal. *A Lei nº 13.303/2016, a criação das empresas estatais e a participação minoritária em empresas privadas. Estatuto jurídico das empresas estatais*. São Paulo: Revista dos Tribunais, 2016.

LAMY FILHO, Alfredo; PEDREIRA, José Luiz Bulhões. *Direito das companhias*. Rio de Janeiro: Forense, 2009.

LEITE, Sandro Grangeiro. A evolução das empresas públicas e sociedades de economia mista no contexto jurídico brasileiro. *Revista do Tribunal de Contas da União*, p. 99-110, 2007.

LIMA, Cristiana Maria Melhado Araújo. *Regime jurídico dos portos marítimos*. 2009. Disponível em: https://www.jusbrasil.com.br/topicos/84504060/cristina-maria-melhado-araujo-lima/atualizacoes. Acesso em 11 nov. 2018.

MANCUSO, Rodolfo de Camargo. *Interesses difusos*: conceito e legitimação para agir. 5. ed. São Paulo: Revista dos Tribunais, 2000.

MARINHO, Rodrigo César de Oliveira. *Intervenção sobre o Domínio Econômico – A contribuição e seu perfil constitucional*. Belo Horizonte: Fórum, 2011.

MARQUES NETO, Floriano; ZAGO, Mariana. Limites à atuação do acionista controlador nas empresas estatais: entre a busca do resultado econômico e a consagração das suas finalidades públicas. *Revista de direito público da economia*, v. 13, n. 49, p. 79-94, 2015.

MARTINS, Ricardo Marcondes. *Regulação administrativa à luz da Constituição Federal*. São Paulo: Malheiros, 2011.

MASSO, Fabiano Del. *Direito Econômico*. São Paulo: Método, 2013.

MEDAUAR, Odete. *Direito administrativo moderno*. 12. ed. São Paulo: Revista dos Tribunais, 2008.

MEIRELLES, Hely Lopes. *Direito Administrativo Brasileiro*. São Paulo: Malheiros, 2000.

MENDES, Guilherme Adolfo dos Santos. Princípio da eficiência. *In*: MARRARA, Thiago (Org.). *Princípios de direito administrativo*. São Paulo: Atlas, 2012.

MEZZAROBA, Orides; MONTEIRO, Cláudia Sevilha. *Manual de Metodologia da Pesquisa no Direito*. 5. ed. São Paulo: Saraiva, 2009.

MINAS GERAIS. Lei nº 16693, de 11 de janeiro de 2007. *Autoriza a criação de empresa subsidiária da companhia de saneamento de Minas gerais – COPASA-MG*. Disponível em: https://www.lexml.gov.br/urn/urn:lex:br;minas.gerais:estadual:lei:2007-01-11;16693. Acesso em 2 jan. 2019.

MINAS GERAIS. *Relatório de transição de governo – relatórios setoriais*. Disponível em: https://www.mg.gov.br/.../transicao.../Documento%20de%20Transição%20-%20SES. pdf. Acesso em 28 dez. 2018.

MINISTÉRIO DO PLANEJAMENTO. Tribunal de Contas da União. *Compra de Passadena*. Disponível em: https://portal.tcu.gov.br/imprensa/noticias/tcu-identifica-dano-em-compra-da-refinaria-de-pasadena-pela-petrobras.htm. Acesso em 12 fev. 2019.

MIRANDA, Rubens Augusto de; AMARAL, Hudson Fernandes. Governança corporativa e gestão social responsável em empresas estatais. *Revista de Administração Pública*, Rio de Janeiro, v. 45, p. 1069-1094, 2011.

MOREIRA, Egon Bockmann; MODESTO, Paulo; GUIMARÃES, Fernando César Vernalha.

MOREIRA, Egon Bockmann. *Duas polêmicas da nova lei de responsabilidade das empresasestatais*: conflito federativo e direito intertemporal. 2016. Disponível em: http://www.gazetadopovo.com.br/vida-publica/justica-e-direito/colunistas/egon-bockmann-moreira/duas-polemicas-da-nova-lei-de-responsabilidade-das-empresas-estatais-conflito-federativo-e-direito-intertemporal-3lzym9s4gpos25w70xdeeovxj. Acesso em 19 nov. 2018.

MOREIRA, Vital Martins. *Economia e constituição*: para o conceito de constituição económica. Coimbra: s. ed., 1974.

MOTTA, Fabrício. A gestão de conflitos de interesses como política pública. *In*: GOMES, Carla Amado; NEVES, Ana Fernanda; BITENCOURT NETO, Eurico (Coord.). *A Prevenção da Corrupção e outros desafios* à *boa governança da Administração Pública*. Ed. Instituto, de Ciências Jurídico – Políticas – CIP e Centro de Investigação de Direito Público – CIDP, Faculdade de Direito, Universidade de Lisboa, março 2018.

MUÑOZ, Guillermo Andrés. El interese público es como ele amor. *In*: BACELLAR FILHO, Romeu Felipe; HACHEM, Daniel Wunder (Coord.). *Direito Administrativo e interesse público*: estudos em homenagem ao Professor Celso Antônio Bandeira de Mello. Belo Horizonte: Fórum, 2010.

NARDES, João Augusto; ALTOUNIAN, Claudio Sarian; VIEIRA, Luís Afonso Gomes. *Governança Pública – O Desafio do Brasil*. 2. ed. Belo Horizonte: Fórum, 2016.

NESTER, Alexandre Wagner. *The Importance of Interprofessional Practice and Education in the Era of Accountable Care*. 2016. N C Med. J. 2016 Mar./Apr.; 77 (2):128-32. Disponível em: https://www.jusbrasil.com.br/topicos/84504060/cristina-maria-melhado-araujo-lima/atualizacoes. Acesso em: 11 de nov. 2018.

NOHARA, Irene. Poder econômico e limites jurídicos à captura da concertação social. *In*: GOMES, Carla Amado, NEVES; BITENCOURT NETO, Eurico (Coord.). *A Prevenção da Corrupção e outros desafios* à *boa governança da Administração Pública*. Ed. Instituto, de Ciências Jurídico – Políticas – CIP e Centro de Investigação de Direito Público – CIDP, Faculdade de Direito, Universidade de Lisboa, março 2018.

OLIVEIRA Fábio Côrrea Souza; OLIVEIRA, Larissa Pinha de. Uma análise da tese desconstrutivista da supremacia do interesse público sobre o particular. *Em tempo*, Marília, v. 13, 2014.

OLIVEIRA, Rafael Carvalho Rezende. As licitações na Lei n° 13.303/2016 (Lei das Estatais): mais do mesmo? *Revista Colunistas de Direito do Estado*, n. 230. 2016. Disponível em: http://www.direitodoestado.com.br/colunistas/rafael-carvalho-rezende-oliveira/as-licitacoes- na-lei-133032016-lei-das-estatais-mais-do-mesmo. Acesso em 7 ago. 2018.

ORGANIZAÇÃO PARA COOPERAÇÃO E DESENVOLVIMENTO ECONÔMICO. *OCDE Guidelines on Corporate of State-owned enterprises*. 2015. Disponível em: /www.oecd.org/daf/ca/corporategovernanceofstate-ownedenterprises/42524177.pdf. Acesso em 11 dez. 2018.

OSÓRIO, Fábio Medina. Existe uma supremacia do interesse público sobre o privado no Direito Administrativo brasileiro? *Revista de Direito Administrativo*, n. 220, 2000.

PACHECO E SILVA, Maria Hermínia Penteado. *Estatuto jurídico das empresas estatais*. 2018. Disponível em: http://editoracontracorrente.com.br/pdf/livro32.pdf. Acesso em 12 dez. 2018.

PEREIRA DE SOUZA, Sérgio Augusto G. *Premissas de Direito Econômico*. 2. ed. revista, atualizada conforme a Lei nº 12.529 de 30.11.2011. Belo Horizonte: Fórum, 2012.

PEREIRA JUNIOR, Jessé Torres et al. *Comentários à Lei das Empresas Estatais*: Lei nº 13.303/16. Belo Horizonte: Fórum, 2018.

PETHECHUST, Eloi; RIBEIRO, Marcia Carla Pereira. Perspectivas para as empresas estatais no Brasil: propostas para um estatuto jurídico. *A&C – Revista de Direito Administrativo & Constitucional*, Belo Horizonte, ano 15, n. 62, p. 99-121, 2015.

PIETRO, Maria Sylvia Zanella di. *Direito administrativo*. 20. ed. São Paulo: Atlas, 2007.

PINTO, Bilac. O declínio das sociedades de economia mista e o advento das modernas empresas públicas. *Revista de Direito Administrativo*, Rio de Janeiro, v. 32, p. 1-15, abr. 1953. ISSN 2238-5177. Disponível em: http://bibliotecadigital.fgv.br/ojs/index.php/rda/article/view/12801/11678. Acesso em 27 abr. 2018.

PINTO JÚNIOR, Mário Engler. *Empresa Estatal*: função econômica e dilemas societários. São Paulo: FVG Atlas, 2013.

PONTES, Evandro Fernandes. Os interesses jurídicos nas sociedades de economia mista. *In*: NORONHA, João Otávio de; FRAZÃO, Ana; MESQUITA, Daniel Augusto (Coord.). *Estatuto Jurídico das Estatais – Análise da Lei nº 13.303/2016 por Ações*. Disponível em: http://www.planalto.gov.br/ccivil/LEIS/L6404consol.htm. Acesso em 13 nov. 2018.

PORTAL NEGÓCIOS JÁ. Diagnóstico do Estado de Minas Gerais. 2017. Disponível em: portalnegociosja.com.br/wp-content/uploads/2018/12/Diagnostico-de-Minas-Gerais. pdf. Acesso em 13 jan. 2019.

PRODEMGE. *Governança corporativa*. Disponível em: www.prodemge.gov.br/governança/carta-anual. Acesso em 3 jan. 2019.

SANTOS, Flávio Rosendo dos. A influência política na gestão das empresas estatais à luz do direito fundamental à Boa administração e da governança corporativa e pública. 2015. Disponível em: http://repositorio.utfpr.edu.br/jspui/bitstream/1/1592/1/CT_PPGPGP_M_Santos%2C%20Flavio%20Rosendo_2015.pdf. Acesso em 1 dez. 2018.

SARMENTO, Daniel. Interesses públicos vs. Interesses privados na perspectiva da Teoria e da Filosofia Constitucional. *In*: SARMENTO, Daniel (org.). *Interesses públicos versus interesses privados*: desconstruindo o princípio da supremacia do interesse público. Rio de Janeiro: Lumen Juris, 2007.

SCHAPIRO, Mário Gomes; MARINHO, Sarah Morganna Matos. Conflito de Interesses nas Empresas Estatais: uma análise dos casos Eletrobrás e Sabesp. *Rev. Direito Práx.*, Rio de Janeiro, v. 9, n. 3, p. 1424-1461, 2018.

SCHIER, P. R. Ensaio sobre a supremacia do interesse público sobre o privado e o regime jurídico dos direitos fundamentais. *In:* SARMENTO, Daniel (Org.). *Interesses públicos versus interesses privados:* desconstruindo o princípio da supremacia do interesse público. Rio de Janeiro: Lumen Juris, 2005.

SCHIRATO, Vitor Rhein. *As empresas estatais no direito administrativo econômico atual.* São Paulo: Saraiva, 2016.

SCHWIND, Rafael Wallbach. *O Estado Acionista – Empresas Estatais e Empresas Privadas com Participação Estatal.* São Paulo: Leya, 2018.

SOUTO, Marcos Juruena Villela. *Aspectos jurídicos do planejamento econômico.* Rio de Janeiro: Lumen Juris, 1997.

TÁCITO, Caio. Regime jurídico das empresas estatais. *Revista de Direito Administrativo*, Rio de Janeiro, v. 195, p. 1-8, jan. 1994. Disponível em: http://bibliotecadigital.fgv.br/ojs/index.php/rda/article/view/45976/47417. Acesso em 24 set. 2018.

TAPSCOTT, D.; TICOLL, D. *A empresa transparente.* São Paulo: M. Books do Brasil, 2005.

TAVARES, André Ramos. *Intervenção estatal no domínio econômico.* São Paulo: Revista dos Tribunais; Centro de Extensão Universitária, 2002.

TAVARES, André Ramos. *Direito constitucional econômico.* 2. ed. rev. e atual. São Paulo: Método, 2006.

TRIBUNAL DE CONTAS DA UNIÃO. *Controle interno na administração pública – TCU.* 2009. Disponível em: https://revista.tcu.gov.br/ojs/index.php/RTCU/article/view/250/236. Acesso em 1 jan. 2018.

TRIBUNAL DE CONTAS DA UNIÃO. *Gestão de riscos:* modelo de referência. Disponível em: https://portal.tcu.gov.br/governanca/governancapublica/gestao-de-riscos/modelos.htm. Acesso em 18 jun. 2019.

TRIBUNAL DE CONTAS DA UNIÃO. *Relatório sistêmico sobre Transparência Pública.* Disponível em: https://portal.tcu.gov.br/lumis/portal/file/fileDownload. Acesso em 07 mar. 2019.

VENANCIO FILHO, Alberto. *A Intervenção do estado no domínio econômico.* Rio de Janeiro: Renovar, 1998.

WARDE JUNIOR, Walfrido. *Falta legitimidade* à *reforma política – DCI.* Warde Advogados, 2018. Disponível em: warde.com.br/falta-legitimidade-reforma-politica-dci/. Acesso em 13 dez. 2018.

Esta obra foi composta em fonte Palatino Linotype, corpo 10
e impressa em papel Offset 75g (miolo) e Supremo 250g (capa)
pela Gráfica Laser Plus.